HUNDRED REFINED KINGS

百炼成王

向王阳明学企业经营与管理
（第2版）

邹新华 ◎ 著

企业管理出版社
ENTERPRISE MANAGEMENT PUBLISHING HOUSE

图书在版编目（CIP）数据

百炼成王：向王阳明学企业经营与管理 / 邹新华著. -- 2版. -- 北京：企业管理出版社，2024.1
ISBN 978-7-5164-2995-2

Ⅰ.①百… Ⅱ.①邹… Ⅲ.①王守仁（1472-1528）-哲学思想-应用-企业管理-研究 Ⅳ.①F272

中国国家版本馆CIP数据核字(2023)第232651号

书　　名：	百炼成王：向王阳明学企业经营与管理（第2版）
书　　号：	ISBN 978-7-5164-2995-2
作　　者：	邹新华
责任编辑：	于湘怡
出版发行：	企业管理出版社
经　　销：	新华书店
地　　址：	北京市海淀区紫竹院南路17号　邮　编：100048
网　　址：	http://www.emph.cn　电子信箱：1502219688@qq.com
电　　话：	编辑部（010）68701661　发行部（010）68701816
印　　刷：	三河市荣展印务有限公司
版　　次：	2024年1月第2版
印　　次：	2024年1月第1次印刷
规　　格：	787mm×1092mm　开　本：1/16
印　　张：	15印张
字　　数：	156千字
定　　价：	68.00元

版权所有　翻印必究　·　印装有误　负责调换

序言

百炼成就王阳明

如果企业的经营理念一定要"皈依"某种哲学的话,那就"皈依"王阳明哲学吧!与其每天浮躁、焦虑地向外寻找机会,不如向内回归自我,练好内功。君子藏器于身,待时而动!用阳明心学武装自己,无论世界怎样变化、环境如何复杂、处境如何艰险,我们只要回到内心,就可以动转得势,主宰命运!

明朝,出了一位"离经叛道"的大师王阳明,他一生跌宕起伏、坎坷波折,又总能够在逆境中绝地反弹,获得生命的升华！王阳明，名王仁，字伯安，号阳明，浙江绍兴府余姚（今浙江省宁波市余姚市）人，生于明宪宗成化八年（1472年），是明代著名的哲学家、思想家、政治家和军事家，官至南京兵部尚书、南京都察院左都御史，因平定宁王之乱等军功被封为新建伯，明穆宗隆庆年间追赠新建侯。王阳明不仅精通儒家、佛家和道家学说，而且能够统军征战，是中国历史上罕见的全能大儒。

王阳明最让人仰慕的地方在于他用所有的"做到"来证明其所言不虚。王阳明的心学不是一种理论说教，而是一种实践学——身体力行之学说。王阳明的每一次思想升华都是从他荆棘险阻的人生中磨砺得来的。孟子说："故天将降大任于是人也，必先苦其心志，劳其筋骨，饿其体肤，空乏其身，行拂乱其所为，所以动心忍性，曾益其所不能。"人到绝境，方能重生。当现实的一切都被敲碎，一无所有，得失荣辱，甚至生命，都被迫放弃，不在念中，亦无法在念中时，才能得到彻悟。

用今天的话说，王阳明堪称万人爱戴的"超级偶像"。康有为、梁启超、章太炎、孙中山、胡适之无不从王阳明心学中吸取人性解放、自尊无畏的思想，建立事功。哈佛大学教授杜维明说："五百年来，儒家的源头活水就在王阳明，21世纪将是王阳明的世纪。"曾国藩说："王阳明矫正旧风气，开出新风气，功不在禹下。"左宗棠说："阳明先生，其事功，其志业，卓然一代伟人，断非寻常儒者所能几及。"梁启超说："王学绝非独善其身之学。而救时良药，未有切于是者。"蔡元培说:"明之中叶王阳明出,中兴陆学,而思想界之气象又一新焉。"[1]

研究王阳明,笔者主要循着两个方向:一个是王阳明自身成为"三不朽"圣人的事迹;另一个是阳明心学的思想体系。笔者用iA模型示意(如图1所示)。

圣人
(三不朽)

愿景
(人人成为圣人)

立德
(忠孝仁义)

使命
(致良知)

立功
(平定叛乱)

立言
(阳明心学)

价值观
(心即理、立志、事上炼)

行为特征
(知行合一)

图1　研究王阳明的iA模型

i模型用于研究王阳明自身成圣的路径与行为。字母"i"就像一个顶天立地的人,上方的一点顶天,代表王阳明的成圣志向,下边一竖立地,代表其实现"三不朽"圣人志向的具体行为。

A模型用于研究阳明心学的思想体系。阳明心学的愿景是让人人成为圣人,致良知是其使命。人要成为圣人,就要"致良知"。如何实现致良知呢?王阳明提出了"心即理"的思

---

[1] 转引:吕峥.明朝一哥王阳明[M].北京:民主与建设出版社,2015:9.

想，他认为天理在每个人的心中，只要去除私欲，就能实现，关键需要"树立志向"和"事上磨炼"。"心即理""立志"和"事上炼"是价值观。使命、愿景和价值观要落地，靠的是知行合一，知行合一是阳明心学的行为特征。

i模型：立德、立功、立言

无畏于低谷，有道于高峰！这位对心的力量有所体悟的王阳明，在官场上屡次遭遇劫难，却总是能够凭借其心学的力量逢凶化吉，迈出人生的低谷，走向光辉。王阳明做到了立德、立功、立言，被誉为"真三不朽者"。

一、立德

立德，即树立德业，创建做人的准则和社会发展的制度，包括道德、法律。《左传》中说："太上有立德，其次有立功，其次有立言，虽久不废，此谓不朽。"王阳明的一生都在循着圣人的足迹前行，放下荣辱得失，了却生死之道，最终大彻大悟，建功立业。

王阳明的一生做到了"忠孝仁信"，在仕途中，虽屡次遭人陷害，王阳明始终保有忠君爱国之心；面对民众，王阳明总是教化为先，始终保持仁爱之心。王阳明继承了先秦儒家的"仁""孝悌"思想，他教育学生和家族弟子时，十分重视孝道，把孝道作为一个人是否是"仁人"的重要标准。王阳明去世前，学生问他有何遗言，他说："此心光明，亦复何言。"万事归心，心外无物，此心光明，按照良知学说修炼就是了。

二、立功

王阳明在军事上也有颇高成就，屡次平定叛乱，建立事功。明武宗正德十三年（1518年），王阳明恩威并施，平定为患江西数十年的盗贼之乱。正德十四年（1519年），王阳明在鄱阳湖仿效赤壁之战，平定宁王之乱。明世宗嘉靖七年（1528年），王阳明又平定了西南的思恩、田州土瑶叛乱和断藤峡盗贼。

三、立言

心学是对儒学的发展，是宋明理学的一个流派。北宋程颢开宋明理学之端，南宋陆九渊大启门径，至明朝，王阳明首度提出心学的宗旨在于"致良知"。王阳明晚年所述"无善无恶心之体，有善有恶意之动，知善知恶是良知，为善去恶是格物"四句一般被认为是对其大半生学术思想的概括性论述，是对心学的精辟总结。《传习录》是王阳明弟子记录老师讲话和书信的集子，成就了王阳明三不朽中的"立言"。

A 模型：阳明心学的核心命题

王阳明一介书生，一生跌宕起伏、坎坷波折，最终实现了君子三立——立德、立功、立言，皆居绝顶。凭什么？无他，全凭其心学。王阳明创立阳明心学，参透世事人心，终成一代圣哲。王阳明融合儒、释、道三家思想之精华，脱出已经僵化的程朱理学的窠臼，独创以"心即理""知行合一""致良知"三大命题为核心的阳明心学。朱熹学说在肯定人的道德修养的同时，强调了对外部事物的考察和知识学习的扩展。格物致知的精义是为了"穷理"，朱熹认为万事万物都有一个"理"，这个"理"即天道，所穷之理既是道德伦理，又是自然之理。与朱熹学说不同，王阳明不主张通过外在事物追求"至理"的方法，主张"心即理"，他认为人人都有至纯至理之心，只是被外在事物蒙蔽，"格物"就是体认本心。从"心即理"的观点出发，王阳明进一步提出了"知行合一"和"致良知"说。

一、心即理

《传习录》中记录了一段阳明先生与弟子徐爱的对话。"爱问：'至善只求诸心。心恐于天下事理，有不能尽。'先生曰：'心即理也，天下又有心外之事，心外之理乎？'"王阳明认为心即理，此心即是天理，心外无物，"心即理"是整个阳明心学体系的逻辑起点。有个故事可以让我们更进一步理解"心即理"的内涵。先生游南镇，"朋友指岩中花树问曰：'天下无心外之物，如此花树在深山中自开自落，于我心亦何关？'先生曰：'你未看此花时，此花与汝心同归于寂。你来看此花时，则此花颜色一时明白起来。便知此花不在你的心外。'"

世人都到外面去求个"理"字，是错误的，比如对待父母，不是从父母那里求得"孝"的道理；对待君主，不是从君主那里求得"忠"的道理；交朋友和管理百姓，不是从朋友和百姓那里求得"信"和"仁"的道理，孝、忠、信、仁在我们各自的心中。心即理，没有被私欲蒙蔽和迷惑的心，就是天理，不用到心外强加一点一滴。用一颗纯乎天理、不被遮蔽的心，对待父母就是"孝"，对待君主就是"忠"，对待朋友和百姓就是"信"和"仁"。只在自己心上下功夫，去私欲、存天理就行了。

二、知行合一

王阳明说："未有知而不行者，知而不行，只是未知。"按照朱熹的"格物致知"论，大家从事物中"格"出一个"理"来，然后实践之，就把"知"和"行"分开了，王阳明认为其论弊病较大。看看社会上很多人都是"语言上的巨人，行动上的矮子"，满口仁义道德，却干着肮脏龌龊之事。

王阳明认为知行本自一体，不可分为两事。就如称其人知"孝悌"，必是已行过"孝悌"之事，大概才能领悟得到。又如知道痛处必然是自己已经痛过了，知道寒冷必然是自己已经感觉到寒冷了。

三、致良知

在《与门人邹守益书》中，王阳明写道："近来信得致良知三字，真圣门正法眼藏。往年尚疑未尽，今自多事以来，只此良知无不具足。譬之操舟得舵，平澜浅濑，无不如意，虽遇颠风逆浪，舵柄在手，可免没溺之患矣。"这句话的意思是，近来体悟到'致良知'三字，这才是真正的圣门正法眼藏（朗照宇宙，包含万有的正法）。以前的存疑还没有获得释解，如今多经世事，只有这良知陪着我经历困难的岁月。就如同掌握了船舵，在风平浪静中心安意顺，虽会遇到大风逆浪，手不离舵，也可以免除沉溺的担忧。

在王阳明看来，致良知就是致吾心内在的良知。他认为，良知人人都有，个个自足，是一种不假外力的内在力量。若无有物欲牵蔽，循着良知去工作和生活，即无不是道。致良知是阳明心学的本质核心，是心学修炼的终极目标，发正心，树正念，走正道，立正业，慎独自守，磊落坦荡，正大光明。

读王阳明有什么用

企业经营与管理需要向王阳明学习吗？读王阳明有什么用？梁启超说："自古以来，没有哪个昏浊淫乱的脑袋可以成大功、立大业的，人需要一个世界之外的世界来养其神明。"[1]世界之外的世界就是思想的、理念的、哲学的世界。

一、阳明心学让人形成一种风流气质

王阳明说："只念念不忘天理，久则自然心中凝聚。"王阳明让我们从"克己"做起，从我心做起，反身而诚，明心

---

[1] 燕北闲人.梁启超妙语录［M］.北京：新星出版社，2011：87.

见性，这样就可以不依赖外界提升自己的德性水平，主体高大了，外界就渺小了。

天下事虽万变，我们的反应不外乎喜怒哀乐爱恶欲这七种心态，练出好的心态是我们学习的目的。在千变万化的境遇中，在错综复杂的矛盾中，要能自己找到良好的心态，听从心灵的指令，保持虚灵不昧的状态，以自己的全部机能，不仅以理智，更以意志和直觉的努力，能动地追求达到更高的精神境界。这就是王阳明根本又简单的"致良知"法门。当我们良知清澈的时候，就能变得气质卓然，可数风流人物矣。

冯友兰先生《南渡集》中有《论风流》一文，大意如下。

第一，真风流的人，必有玄心。所谓玄心，是一种超越感，超过自我，做到无我，"真风流的人必须无我"，不太计较个人的得失和喜忧，而将自己化入天下苍生和自然万物之中。

第二，真风流的人，必有洞见。所谓洞见，就是直逼问题的要害，看破事物的本质，尽得风流。

第三，真风流的人，必有妙赏。所谓妙赏，就是对美的深切的感觉。

第四，真风流的人，必有深情，懂得一往情深，能够憨憨地迷恋、痴痴地眷恋。真风流的人有"玄心"而能超越自我，所以他的深情就不是关乎自己的，不是对自己喜忧和沉浮的嗟叹，而是对宇宙人生的情感。他的情与万物的情有一种共鸣。他对万物都有一种深厚的悲悯与同情。这实际上是一种仁者的情怀，是仁者"以万物为一体"的境界。

何谓风流也？玄心、洞见、妙赏、深情，四者皆备者，每每与天、地、人、物俱化，斯为风流！[1]

二、阳明心学让企业经营管理重获光辉

中国过往的四十余年，机会爆发、商机涌动，行动力强者赢，身体和精神都忙于抓机会，没有空闲焦虑和迷茫。现在环境不同了，中国经济增速变换轨道，人口红利消失，低成本为王的时代正走向黄昏，同时，新兴技术快速迭代发展，人工智能时代正在逼近，各行各业充满了创新者和颠覆者。传统企业不如以前那么容易经营了，原来的成功打法不灵了。新的机会在哪里？未来的打法是什么？企业如何实现转型创新？一时"找不着北"，于是就焦虑和迷茫起来，这正是中国企业当前的普遍处境。

王阳明心学对现代企业经营与管理的意义在于，若将心学思想注入企业的经营与管理理念当中，求大道，致良知，可使商业的"私心"与"贪婪"找到一种崇高的信仰，让商业拥有灵魂与使命，从而造福人类社会。在日本有"经营之圣"之称的稻盛和夫深受中国传统文化的影响，对王阳明颇为崇拜。他将王阳明思想注入企业的经营和管理当中，一手打造了两个世界500强企业。注入阳明心学灵魂的经营哲学就像一剂灵丹妙药，将之应用于不同领域、不同行业的企业，竟然都能获得奇效。

---

[1] 冯友兰.南渡集[M].北京：生活·读书·新知三联书店，2007：43.

当代企业家面临的商业环境越来越严峻，竞争越来越激烈，焦虑万分的大家应该去了解王阳明，学习王阳明。卸除内心焦虑和人生迷茫的方向有两个：一个是向外求，到社会上去闯荡、去追寻、去拼抢，发现新机会，找到新路子，重拾"忙起来、干起来"的状态；另一个是向内求，回归内心，调整自己的精神状态，强大自己的内心力量，修养自己的品格和能力。向外求，能重新找到干劲，当然好。如果一时没找到外部机会，也无妨，那就向内求，回归内心，涵养自我，练好内功，内圣外王。有事就去做事、事上磨、锤炼能力、积累经验；没事做就读书、锻炼身体，建设知识结构，储备体能，善待亲朋好友，体味生活。如果能确立这样的人生态度，我们也就没什么好焦虑和迷茫的了。

从2014年开始，笔者将阳明心学运用到企业经营管理和文化建设当中，提倡全体员工学习王阳明，号召全体员工做好"三修"——修心、修行、修身。多年来，企业取得了不错的业绩增长，员工精神面貌有了较大的改善。2013年至2016年，饲料行业最为低迷的行业周期里，我们全体员工坚持不懈地实践阳明心学，坚持"价值营销"——围绕"为客户创造价值"配置资源和调整管理措施，在大部分同行企业业绩下滑时，我们的企业依然实现了逆势成长。（如图2所示）

图2 员工"三修"管理

（三角形：修心——心有多大事业有多大；修行——知行合一；修身——健康是事业的基础；中心：致良知）

中国古代主流思想是儒家思想，儒家思想有两大高峰，前孔子后阳明，阳明之后，或可说尚无超越者。阳明心学，身心之学、践履之学，知行合一、内圣外王。王阳明的致良知，在做人和追求事业上实现了完美融合。追求成长的组织可以把良知文化纳入组织文化建设中。试想，一个组织中的大部分人员，特别是中高层都立志成圣，去"事上炼""知行合一""致良知"，组织发展力必将大为提升。如果一个企业的经营理念一定要"皈依"某种哲学的话，那就"皈依"王阳明哲学吧！与其每天浮躁、焦虑地向外寻找机会，不如向内回归自我，练好内功。君子藏器于身，待时而动！用阳明心学武装自己，无论世界怎样变化、环境如何复杂、处境如何艰险，我们一旦回到内心，就可以动转得势，主宰命运！

目录

第一章　向王阳明学企业文化建设 ……… 1
第一节　基业长青的文化基因　2
第二节　将良知注入文化之根　11
第三节　用榜样展示文化精神　20
第四节　发挥愿景和口号的作用　30
【案例与思考】同仁堂：何以名满天下　38

第二章　向王阳明学战略管理 ……… 41
第一节　树立志向：战略发展的起点　42
第二节　趋势洞察：战略规划的基础　50
第三节　认清现实：战略目标的节奏　57
第四节　知行合一：战略落地的关键　63
【案例与思考】格莱珉：信念的力量　70

第三章　向王阳明学品牌管理　　73

第 一 节　通过故事加强品牌传播　　74

第 二 节　通过概念塑造品牌价值　　86

第 三 节　通过超级名称与传播语加强品牌宣传　　97

第 四 节　通过口碑增长品牌粉丝　　105

【案例与思考】雕牌：如何感动千家万户　　113

第四章　向王阳明学人力资源管理　　115

第 一 节　选人　　116

第 二 节　用人　　128

第 三 节　育人　　138

第 四 节　留人　　146

【案例与思考】京东：如何培训员工　　156

第五章　向王阳明学市场营销　　159

第一节　市场调查　　160

第二节　市场定位　　165

第三节　市场博弈　　172

【案例与思考】农夫山泉：差异化定位　　181

第六章　向王阳明学组织运营管理　　183

第一节　组织设计　　184

第二节　组织授权　　192

第三节　组织管控　　196

【案例与思考】华为：如何避免走进"组织黑洞"　　204

【附录一】王学大纲　　206

【附录二】王阳明年谱　　218

参考资料　　221

第一章
向王阳明学企业文化建设

【 提 要 】

希望读者通过对本章的阅读，能够形成一套建设企业文化的思路和方法。

本章重点带您了解以下建设企业文化的核心环节。

- 打造基业长青的企业文化基因
- 将阳明心学的致良知注入企业文化之根
- 通过树榜样向组织展示和传播企业文化
- 发挥愿景和口号的驱动作用

第一节　基业长青的文化基因

通过本小节的学习，我们将找到企业基业长青的文化基因，并了解如何打造企业基业长青的文化基因。

【阳明先生语】

先生曰："近来信得致良知三字，真圣门正法眼藏。往年尚疑未尽，今自多事以来，只此良知无不具足。譬之操舟得舵，平澜浅濑，无不如意，虽遇颠风逆浪，舵柄在手，可免没溺之患矣。"

商业沉浮，何以永续

王阳明屡次遭遇劫难，却总能凭借其心学的力量逢凶化吉，迈出人生低谷，走向光辉。王阳明屡次平定叛乱，建立事功，却总遭奸人猜忌和构陷。宁王叛乱，得到消息的王阳明未及报告朝廷，果断起兵平叛，仅用35天就击溃了宁王数万叛军。事后，王阳明遭人妒忌，非但没有得到应有的奖赏，反而差一点被诬告谋反。一般人处于此种状况，大多会愤愤难平，但王阳明却能从容化解。经过如此变故，他更加坚定自己的信念。他给门人邹守益的信中说："近来信得致良知三字，真圣门正法眼藏。往年尚疑未尽，今自多事以来，只此良知无不具足。譬之操舟得舵，平澜浅濑，无不如意，虽遇颠风逆浪，舵柄在手，可免没溺之患矣。"

人生沉浮，起起落落，总会遇到各种艰难坎坷，王阳明告诉我们，"致良知"让其度过了各种危机。商场如战场，我们能从阳明先生的思想和经历当中，获得哪些令企业永继的启示呢？比如下面这两个案例。

案例一：1998年，诺基亚第一亿部手机诞生，诺基亚一举超越摩托罗拉，正式登上了全球"手机老大"的宝座。而到2011年，诺基亚销量锐减、债券评级下降，股价大跌，市值萎缩，昔日王者不得不靠裁员和高层洗牌来应对全线的崩盘。

案例二：英雄钢笔在中国脍炙人口，远销60多个国家和地区，它见证了许多重要历史时刻，品牌估值可谓无价。之后，它开始衰败，甚至不得不低价出售股份。

海尔的创建人张瑞敏说过，没有成功的企业，只有时代的企业。孟子说"君子创业垂统，为可继也"。企业家建功立业的最终成就在于使自己创立的企业实现基业长青、永续传承。

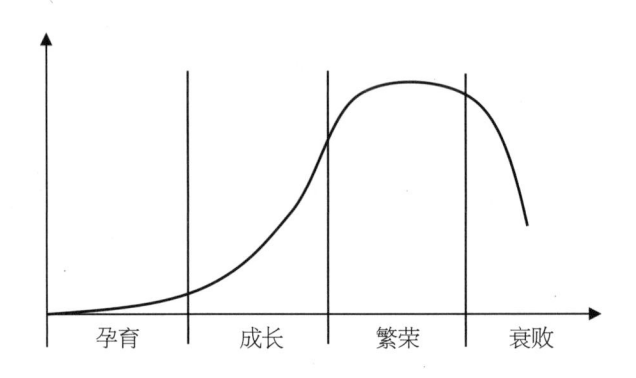

图1-1 企业成长的"魔鬼曲线"

国际经验显示，多数企业都会面临能否永续传承的挑战，企业传承的过程往往伴随着业绩的滑坡与财富的耗散，有数据表明，"百年企业"的比例不足1%，企业繁荣期越来越短。传统市场环境下的产业"霸主"在新市场环境变迁的阶段会有迥然不同的结局，有的持续辉煌、基业长存，有的日落西山、衰退消亡。当环境发生颠覆性变化时，传统环境下越成功的企业往往失败越彻底；当环境出现渐变性变化时，传统强势企业可以通过局部优化维持既有的竞争优势。（如图1-1所示）

阳明心学开了一扇窗

如何破除企业成长的"魔咒"？如何让企业基业长青、永续经营？企业成长的"魔鬼曲线"能不能变成"天使曲线"？（如图1-2所示）

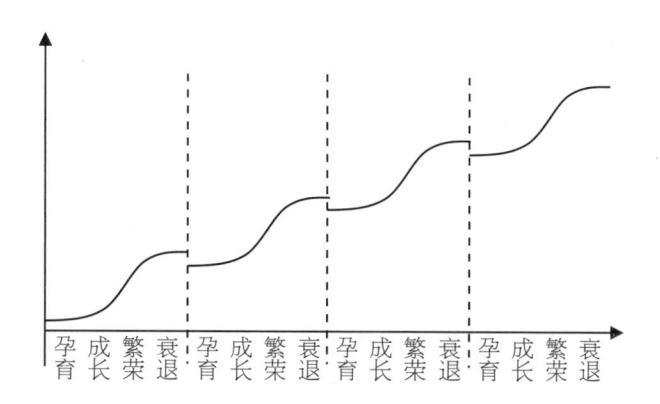

图1-2 企业成长的"天使曲线"

（横轴标注：孕育 成长 繁荣 衰退 | 孕育 成长 繁荣 衰退 | 孕育 成长 繁荣 衰退 | 孕育 成长 繁荣 衰退）

对这些困惑，阳明先生给我们开了一扇窗。王阳明一生历经波澜坎坷，总能在逆境危机中绝处重生，而同时期才子唐伯虎，经历一次挫折便沉溺了，成了一名归隐之士。王阳明每次逢凶化吉、绝地反弹、走向光辉，凭的是什么？正是其心学也。王阳明多次向他的门生提到，他在人生低谷经历百般磨难的时候，靠的是"致良知"渡过难关。那么，"良知"能让企业延续寿命吗？王阳明的忠实"粉丝"，日本"经营之圣"稻盛和夫给了我们最好的回答。稻盛和夫27岁创办京都陶瓷株式会社，52岁创办KDDI电信公司，这两家公司都进入了世界企业500强。稻盛和夫领航的京瓷企业集团历经四次经济危机屹立不倒，成为企业界的神话，在日本大企业中独树一帜。这一切是如何做到的呢？

稻盛和夫的经营哲学中到处是王阳明"致良知"的影子，比如稻盛和夫说，要判断某件事是不是有道理，不能只看其是不是符合逻辑，还应当看其是不是符合人类社会的道德标准，要思考其与人类价值的相关程度。

在创立京都半导体公司的第二年,新进来的员工要求公司保证他们将来的收入会增加到一定程度。当时,公司刚成立,连自保都难,又如何保证员工的收入增长?经过三天三夜的讨论,稻盛和夫与他的合作伙伴认为员工的要求符合人类价值标准,于是他们不仅答应了员工的要求,还把公司的使命做了重大调整:京都半导体公司的理念,就是给所有员工提供物质与心灵成长的机会,并通过共同努力促进社会与全人类的进步。

日本楼市泡沫危机时,稻盛和夫的公司有很多现金存放在银行,连银行都建议稻盛和夫去炒楼,但稻盛和夫客气地拒绝了银行。

稻盛和夫有个人生成功公式:成功=能力×努力×态度。能力与努力的值都是0到100,没有负数,只有态度的值是-100到+100,有负数,态度与价值观错误,会让一个人的能力与努力成为社会的负担!一切经营企业的道理本来都在我们内心中,这就是我们的良知!

打造基业长青的文化基因

磅礴发展、基业长青的企业必然获得了客户、资本和员工三个要素的正向循环驱动。首先,获得客户认同。企业的产品和服务获得客户的认同,客户愿意买单,企业就能获得源源不断的收入。其次,获得资本认同。获得客户认同的企业就具备了盈利能力,能够赢得资本青睐,获得更多的竞争资源,从而企业就能在市场的竞争中胜出，占有更多的市场份额。最后，获得员工的认同。稻盛和夫认为，一切的战略都是人的战略，人才是稀缺资源，是企业竞争的关键要素，人才会改善企业的产品和服务，从而改善客户的体验感，进一步促使客户认同企业。客户认同、资本认同和人才认同之间存在相互关联和相互促进的关系，同时获得三者认同会带来一连串释放巨大经济能量的反应。早期领先的企业可以创造各种认同之间相互加强的"滚雪球"循环效应。（如图1-3所示）

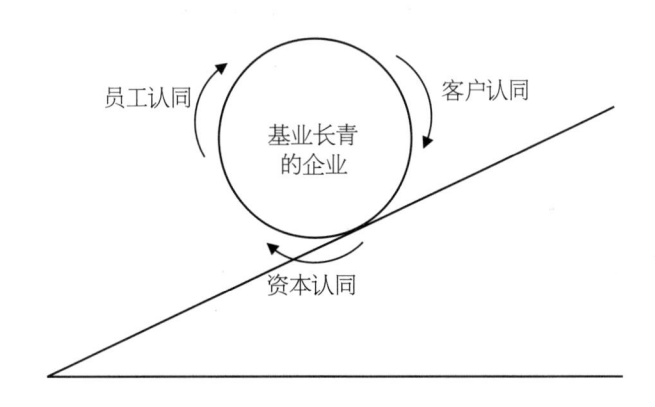

图1-3 三要素"滚雪球"循环效应

当客户认同、资本认同和员工认同呈现正向循环的促进效应时，企业就形成了蓬勃发展、基业长青的态势。这个"势"的来源在哪儿？管理大师柯林斯通过数年追踪研究几十家企业发现，这些企业能够做到基业长青的核心在于其不变的"核心理念"。企业的核心理念不变，企业的根基才能稳固。

天理在每个人心中，每个人都有"良知"，人人皆是圣人，只需要存天理、去私欲，就能达到良知清澈的化境。以

"良知"作为企业的核心理念（使命、愿景和价值观）是企业基业长青的基因（如图1-4所示）。阿里巴巴"让天下没有难做的生意"；微软"让每一个家庭和每一张办公桌上都有一台计算机"都是企业的核心理念，并使企业获得了客户、资本和员工的认同。德鲁克认为："没有事业理论的企业是不能长久的。"[1]

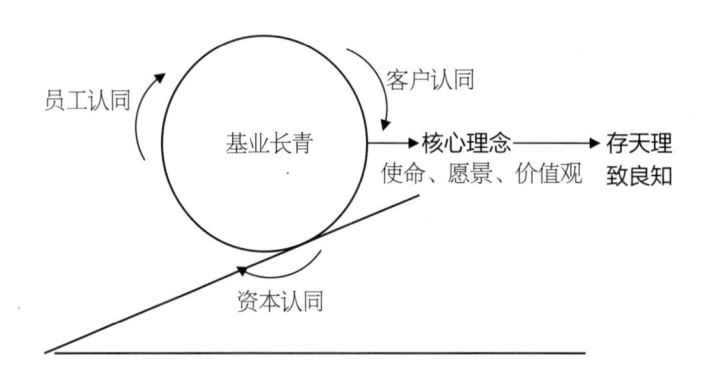

图1-4 企业核心理念的作用

一、存天理的使命

企业使命，就是企业为什么而存在，要什么、放弃什么。企业能解决什么社会问题，是企业存在的根本意义所在。用户买电钻其实不是为了要电钻，而是要在墙上打一个洞；用户买空调不是为了要空调，而是为了温暖或凉爽的感觉；用户买手机当然也不是为了拥有手机本身。因此，任何企业都要面对现实的社会问题，多思考企业现有的产品和服务能否解决这些问

---

[1] 德鲁克.管理：使命、责任、实务［M］.王永贵，译.北京：机械工业出版社，2013：13.

题。找到企业生存的意义,这便是存天理的使命。

德鲁克说:"企业是社会的一个功能组织,一个器官。企业的目的必须在企业本身之外,企业的目的必须超越企业本身。"[1] 企业为了长期发展是要盈利的,但企业存在的目的不是为了盈利,不是为了让员工有事做、有钱赚,盈利只是一个结果,不是一个目的。这就好比,医院有收入,但医院的存在是为了病人不是为了医生。企业的存在也是为了他人,企业要创造有利于他人、有利于社会的价值,只有这样的企业才能永续经营。

医药企业家乔治·默克曾说:"**应该永远铭记,药物是为造福人类而生产的。我们旨在救人,不在求利。如果记住这一点,我们绝不会没有利润,记得越清楚,利润越大。**"[2] 高尚是高尚者的通行证,卑鄙是卑鄙者的墓志铭。坚守核心理念,才能让企业历经狂风暴雨仍能屹立不倒。核心理念是企业的灵魂,伟大的企业总是因为它所信仰的核心理念而辉煌,并会因为它的核心理念而基业长青。

二、共同愿景

愿景也叫远景,英文是Vision,指一个组织阶段性的目标,描绘的是五年、十年、二十年甚至更长时间以后组织的样子。战略管理成功的关键在于如何发挥组织能量,这需要从说服参与人员接纳新的战略开始,也取决于企业成员能否在企业的前景问题上达成一致,最好的方式就是规划共同愿景。共同愿景能够让人们激情澎湃,调动起人们的积极性,让人们虽然

---

[1] 德鲁克.管理:使命、责任、实务[M].王永贵,译.北京:机械工业出版社,2013:118.
[2] 转引:王建华.利润的雪球[M].北京:企业管理出版社,2013:26.

觉得目标有些高远但愿意为之奋斗。战略实施阶段企业要按照愿景的规划，给员工一个足以让他们兴奋不已的蓝图。

三、致良知的价值观

价值观是企业创始人带领早期阶段的一批员工一起讨论出来、约定出来并白纸黑字写出来的约法三章。比如大家约定好要讲诚信，不讲诚信就是违反价值观，违反价值观就要被企业开除。再比如约定好要团队合作，团队合作不好就不能通过价值观的考核。基业长青的企业的价值观，大多是在激发员工的良知。合作、诚信、激情、敬业等都是人们倡导的，符合大众内心"良知"的价值观。

从工业时代到互联网时代，当人类摆脱了对基本物质资料的依赖，社会总体进入丰饶经济时代的时候，生存问题已经不再是人们关心的最主要问题，生存的意义逐渐成了人们关心的主要问题。在这个大背景下，企业的使命、愿景和价值观就变得非常重要，它们决定了企业能否获得客户、资本和员工的认同。存天理、致良知的企业使命、愿景、核心价值观是企业发展的核心原力，是企业基业长青的基因。

第二节　将良知注入文化之根

通过本小节的学习，我们能够认识阳明心学理论体系与企业文化体系的结合点，了解如何将良知注入企业文化之根。

【阳明先生语】

先生曰："良知是造化的精灵。这些精灵，生天生地，成鬼成帝，皆从此出，真是与物无对。人若复得他完完全全，无少亏欠，自不觉手舞足蹈，不知天地间更有何乐可代。"

——

(王阳明)曰："良知之在人心，至虚而灵，至近而神，幽独有所不能欺，细微有所不能掩。故虽夫妇之至愚，亦可与于圣人之成能，而所谓君子之中庸，卒莫逃于百姓之日用。"

天纵英才只是良知清澈

事物之理本来就在我们每个人的内心深处，无须向外去寻。我们做事只需要凭着良知去做即可，所有企业管理的道理，比如公平交易、客户价值、效率竞争，都存在于我们心中，都是我们良知的一部分。圣人并不比普通人多一点什么，在良知面前人人平等。

人人皆可为圣贤！只是大众的良知被"贪、嗔、痴、慢"遮蔽，而圣人能够修炼到存天理，去私欲的境界。管理中，我们要唤醒良知，而不要增加人的阻蔽。（如图1-5所示）

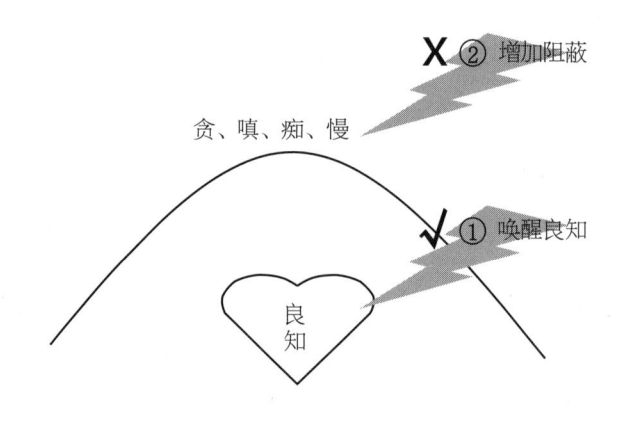

图1-5 人人皆有良知

人人都有良知，都是平等的，所谓的坏人，是良知被私欲遮蔽了。管理当中，要善于唤醒员工的良知，而不是去增加障碍。现实中很多时候恰恰是相反的，比如我们看见某个人某行为不合自己的心意，于是耿耿于怀，戴着有色眼镜看他，对他所做的事都予以否定，甚至冷嘲热讽，这样的方式正好激起了"障碍"，进一步阻蔽了良知。

有这样一则关于王阳明解说"人人皆有良知"的故事。

王阳明的良知学说传播开来之后，有人不服，就想看王阳明的笑话，正好有一天有人在半夜里捉到一个小偷，这些人便把王阳明找来，问他，"你看小偷有良知吗？"王阳明很坦然地让小偷脱去外衣，随后又请他脱掉内衣，小偷都照办了。当接下来让小偷脱掉裤子时，小偷犹豫说："这恐怕不妥。"王阳明于是对大家说："羞耻之心，人皆有之，这便是小偷的良知。"

良知在每个人心中，真正明白这个道理后，每个人就应该开始努力磨"心头镜"，让良知的光辉重新映照出来，并以良知的准则判断是非，明辨善恶，最终让思想和行动都能时时听从良知的召唤，真正做到身心合一、天人合一，每天生活在快乐、愉悦、充实之中。

人人心里有良知，大街上满是圣人。既然"吾性自足"，那么每个人的潜能都应该是无穷的，只不过要看谁能够得悟正道。不一定知识多的人就能成为圣人，也不一定知识多的人就很厉害。比如下面这个例子。

王永庆的商业智慧从何而来？

王永庆15岁小学毕业，到一家米店做学徒，第二年，他用父亲借来的几百元钱做本金，自己开了一家小米店。开始的时候生意惨淡，原因是同业竞争激烈、顾客都有熟悉的米店，不会轻易转移。

16岁的王永庆起步艰难，他选择挨家挨户上门推销大米，同时详细记录顾客家里有多少人，一个月吃多少米，何时发薪水……算好顾客家里的米快吃完了就送米上门，等到顾客发薪的日子再上门收款。

当时大米加工比较粗糙，米里夹杂糠、沙粒、小石子……少年王永庆会一点点地把大米中的杂物都挑出来。

少年王永庆送米上门，并非送到就算，还一定要帮顾客将米倒进米缸。如果缸中有陈米，就把陈米先倒出来，将米缸刷干净，再将新米放进去，把陈米覆盖在上面，保证陈米不会因存放时间过长变质。

卖米这样用心，生意肯定能做起来。一个小学毕业，没有接受过很多正规教育的王永庆，为什么能把高等教育里面营销学的策略驾驭得炉火纯青呢？所谓天纵英才，只是良知清澈。当一个人良知清澈的时候，就能进入圣境；当一个人良知清澈的时候，就能无往不利。

水莲花：根、茎和花

成功就像一朵水莲花，我们看到浮在水面上绚烂夺目的花朵，却没看到那些深在水中，默默无闻的根和茎。其实，正是根和茎看似卑微的"身躯"，深入水下吸取养分，才让水面上的花朵灿然盛开。

很多人学习王阳明，是看到他立下了赫赫战功，想从他的行为里找到对自己事业有益的方法，然而往往"带着功利之心而来，放下功利之心而去"。阳明心学不是成功励志学，更不是厚黑之学，而是教人回归内心，存天理，去私欲，达到知行合一的境界，从而境随心转，万事向好。

我们学习优秀的企业也是如此，可能只看到了这些企业的一些好的行为方式，然后就照搬和模仿，却没看到水底下输送养分的"茎"和"根"。（如图1-6所示）

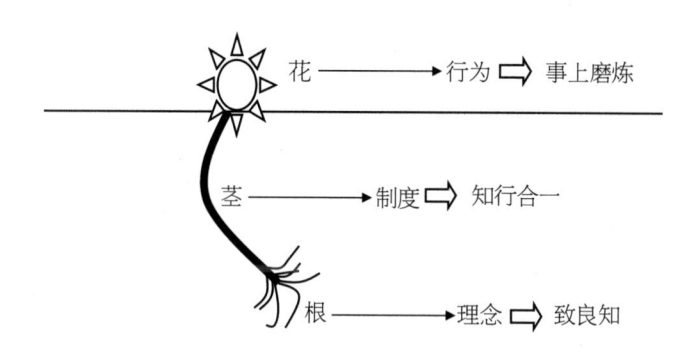

```
花 ——→ 行为 ⇒ 事上磨炼
茎 ——→ 制度 ⇒ 知行合一
根 ——→ 理念 ⇒ 致良知
```

图1-6　水莲花比喻

很多人去一些优秀和卓越的企业考察企业文化，发现很多优秀的行为方式，于是乎回去之后立刻召开员工会议，要求自己公司的员工学习这些优秀的行为，最后却发现并没有太大用处。为何？

如果把企业文化体系看作一朵水莲花，那么企业的外在行为，员工的行事作风等就是看得见的花朵，这是行为表象层面。花朵艳丽与否还是取决于茎和根，根的功能是吸收养分，它是核心，是企业文化的核心理念层面。一个企业的理念，决定员工的行事风格。茎的功能是输送养分，它连接着公司的理念和行为。理念如何落地？理念要靠制度落地，所以茎是制度层面。根、茎和花，即理念、制度和行为构成了企业文化体系。

向王阳明学习企业文化建设，就是要将王阳明的核心思想注入企业文化体系当中。"致良知"是企业文化之根，是核心理念；"知行合一"是企业文化之茎，能够唤起员工的良知，并通过制度将之落地到员工行为当中；"事上磨炼"是企业文化之花，是企业的行事风格，是企业的精神面貌。

一、"致良知"为根

王阳明说："譬之树木，这诚孝的心便是根，许多条件便是枝叶，须先有根，然后有枝叶，不是先寻了枝叶，然后去种根。礼记言：'孝子之有深爱者，必有和气；有和气者，必有愉色；有愉色者，必有婉容。'须是有个深爱做根，便自然如此。"每个人内心中，都深藏着光明通透的心灵本体，那就是我们的良知。它即是天理在人身上的显现，至善如天地，同时它又能知是知非，亮如明镜；它更是我们道德和理性的根源所在，也是人可以高尚的根本原因。虽然我们人人都有光明的心本体，但良知并不是时时显现的，往往被蒙住、遮蔽了。就像本是明亮的铜镜生了锈，照不出人是人非。我们良知上的"锈"，就是我们的喜怒哀乐，贪嗔痴慢，也是每天塞满我们内心的情绪和欲望。

在物欲横流、道德滑坡的时候，蒙蔽人们心灵的"铜锈"斑驳，良知犹如璀璨的明珠被一层层包裹起来。然而，没有一个企业能够靠不择手段长期生存，企业要想基业长青，就需要将"致良知"的理念注入企业文化的根。表1-1整理几家优秀企业的文化理念。

表1-1 企业文化理念举例

公司	"致良知"理念
华为	持续为客户创造最大价值
沃尔玛	天天平价
迪士尼	使人们过得快活
宝洁	让生活更美好
中国移动	创无限通信世界，做信息社会栋梁

二、"知行合一"为茎

很多时候，企业的理念和行为总是相互偏离的（如图1-7所示）。有企业说，我们要遵从"员工价值第一，客户价值第二"的理念。因为客户价值是通过员工实现的，只有实现了员工的价值，才能实现客户的价值。但是，实际行为却是背离的，比如克扣员工工资的事情时有发生。有的企业说，我们的理念是"要向客户提供最好的产品"，在实际行为当中却非常不注重研发，不注重市场调研。

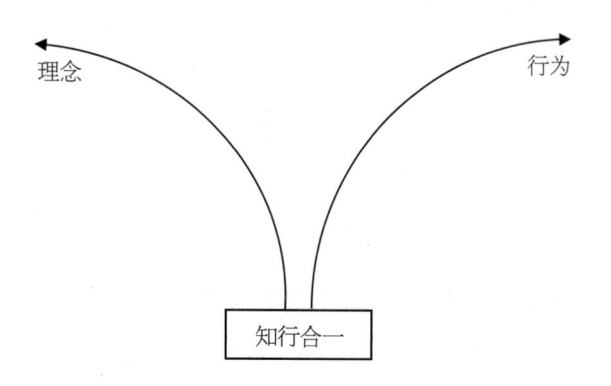

图1-7 理念与行为背道而驰

总之，在企业文化体系当中，理念和行为总是容易背离的，连接理念之"根"与行为之"花"的"茎"，这个时候就能发挥关键作用。是什么让企业理念得以落地呢？是制度。制度是连接"根"和"花"的"茎"，是企业文化体系的关键点。所以，要将王阳明的"知行合一"思想注入企业文化的"茎"，从而使理念与行为合一。

三、"事上磨炼"为花

《传习录》中记录了一段王阳明与弟子的对话。弟子问："静时亦觉意思好。才遇事，便不同。如何？"先生曰："是徒知静养，而不用克己功夫也。如此临事便要倾倒。人须在事上磨，方立得住，方能静亦定，动亦定。"

玉不琢，不成器；人不磨，不成才。我们要提高自己的道德修养，要提高自己的办事能力，就必须在事上磨炼。那么在事上磨炼究竟是要磨炼什么呢？去磨炼事情？去磨炼他人？其实就像"心即理"一样，我们磨炼的其实是自己的内心，所有的苦难都是对我们的磨炼而已。

很多人以为喊喊口号，搞搞活动，就是企业文化建设。而我认为非也。企业文化是一个企业员工的行事风格，这种风格的源头是企业的核心理念，但最终形成要靠"事上磨炼"，事上磨炼是企业文化体系的"花"，是员工的集体行为形成的重要路径。有些公司有着"狼"一般的队伍，办事雷厉风行，果断坚毅，从不拖泥带水。很多公司想学，照搬了制度和理念，却终难养成这样的队伍，究其原因还是缺乏"事上磨炼"。事上磨炼，磨炼的是我们的内心，不管处境如何变化，我们总能不抱怨、不计较、不自私、不狭隘；磨炼的是我们的能力，专注、持续、沉住气、踏实干。将"事上磨炼"注入企业文化体系中，落实到员工行为中，这样的团队必将日益精进，无敌于外！

从"恶之花"到"爱之源"

致良知就是当"错误的意念"一发动，就要放到"良知"的心里衡量。心正，意念自然就正，意正，行动就自然符合良知。如果能做到让每一个人凭良知做事，管理就是一件很简单的事。

一些不遵循自身利益最大化准则的商人或许在一段时间内被淘汰，而一些为了自身利益不顾良知者得以存活，于是大家理解的"真相"是，如同生物进化，大自然通过复制、变异和淘汰让"自私者"胜出。如此，良知被蒙蔽，世上盛开"恶之花"。但我们要坚信，无论何时何地，何年何月，良知是不会泯灭的，它只是被私欲短暂遮蔽了。"恶之花"里面仍然包含着一颗"爱"的种子，它创造了异性之间的爱，奠定了对后代的"无私的爱"。从这个爱的源头出发，人类社会逐步发展出家庭之爱、亲族之爱、部落之爱……进而产生同情心、同理心，直至产生"无缘大慈、同体大悲"的至善至美的大爱。从"恶之花"到"爱之源"，人的良知意识总会觉醒。

第三节　用榜样展示文化精神

通过学习本小节，我们可以了解如何通过树立榜样展示企业文化精神，将企业倡导的企业文化核心理念显性化、样本化。

【阳明先生语】

优奖致仕县丞龙韬牌

访得赣县致仕县丞龙韬，平素居官清谨，迨其老年归休，遂致贫乏不能自存，薄俗愚鄙，反相讥笑。夫贪污者乘肥衣轻，扬扬自以为得志，而愚民竞相歆美；清谨之士，至无以为生，乡党邻里，不知以为周恤，又从而笑之；风俗薄恶如此，有司者岂独不能辞其责，孟子曰："使饥饿于我土地，吾耻之！"是亦有司者之耻也。为此牌仰赣州府官吏，即便措置无疑官银十两，米二石，羊酒一付，掌印官亲送本官家内，以见本院优恤奖待之意。仍仰赣县官吏，岁时常加存问，量资柴米，毋令困乏。呜呼！养老周贫，王政首务，况清谨之士，既贫且老，有司坐视而不顾，其可乎？远近父老子弟，仍各晓谕，务洗贪鄙之俗，共敦廉让之风。

——

奖励主簿于旺

看得近来所属下僚，鲜能持廉守法，访得兴国县主簿于旺，独能操持清白，处事详审，近委管理抽分，纤毫无玷，奸弊划革，抚属小官之内，诚不多见，相应奖励，以劝其余。为此牌仰官吏即便支给商税银两，买办花红、彩缎、羊酒各一事；并将本院发去官马一匹，带鞍一付，备用鼓乐，差官以礼送付本官，用见本院奖励之意。

榜样向组织展示文化精神

为了矫正社会风气，王阳明善用"树立榜样"的方式。赣县县丞龙韬，平素居官清谨，遂致退休后贫乏不能自存，并有一些浅薄鄙陋之徒反相讥笑。王阳明知道这一情况后，非常气愤，执笔写下《优奖致仕县丞龙韬牌》，对社会贪鄙之象予以严厉批评，并且把龙韬树立为榜样，鼓励官员做贤人君子，开始在地方大反腐。在《奖励主簿于旺》中王阳明大赞于旺持廉守法，同样将其作为榜样宣传。

榜样的力量对我们来说就像是给幽闭的房间开一扇窗，送来一个春光明媚、鸟语花香的世界；就像是给小小的船儿一个帆，让它有了同风浪搏斗的勇气。榜样的力量是巨大的，它能让我们找到现实生活中实实在在的参照物，它能激励先进者，鞭策落后者，引领大家百花齐放，草莽英雄共争辉！榜样能够把企业那些死的文化活化，将之生动地展示出来。

西点实验室有一个经典的实验。把6只猴子关在一个实验室里，它们的头顶上挂着一些香蕉，但香蕉都连着水龙头，猴子看到香蕉，很开心地去拉香蕉，结果被水淋得一塌糊涂，然后6只猴子知道不能碰香蕉了。再换一只新猴子进去，新来的猴子看到香蕉自然很想吃，但5只先来的猴子知道碰到香蕉就会被水淋，都去制止它，过了一些时间，新来的猴子也不去碰香蕉了。然后再换一只新猴子，就这样，最开始的6只猴子全部被换出来，陆续换进去的6只猴子也不会去碰香蕉了。

"不能碰香蕉"对新旧猴子来说，变成了一种"神秘"而"神圣"的东西，被每一代猴子传承下去。这其实给我们演绎了文化产生和传承的内在机理。企业文化不是一个企业与生俱来或刻意而为的，它是后天习得的产物。企业文化一般诞生于企业创立初期核心团队的精神理念以及行事作风。企业成功的品质和要素被提炼成一套文化体系，被灌输在老员工当中，随着企业的发展壮大，组织规模不断扩大，在新老交替中，企业文化被不断习得和传承。（如图1-8所示）

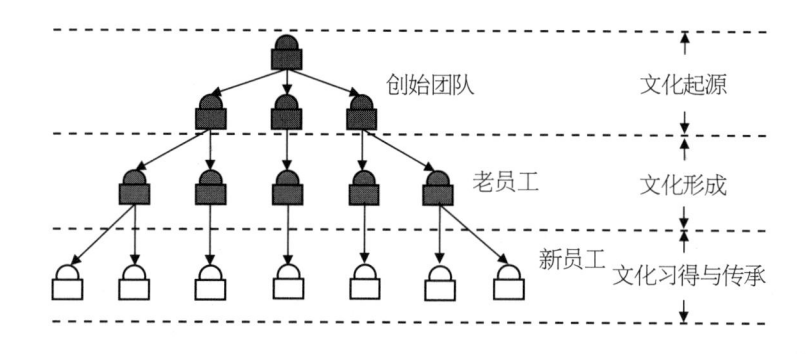

图1-8 企业文化的习得与传承

  卓越的企业，总能将那些企业发展的精神凝成企业文化并以之激励新员工。大部分企业却事与愿违，在发展的过程中形成了"亚文化"和"逆文化"。亚文化，是相对主文化而言的，就是在公司局部，个别部门、团队或小组形成了自己的一套文化价值理念和标准。逆文化，是在公司局部，个别部门、团队或小组形成了与公司倡导的主文化相冲突、相对抗的畸形文化，比如拉帮结派，抱团"磨洋工"，抱团抵制和违背公司制度。

  阳明心学得以发扬，离不开前赴后继的信仰者、标杆和榜样。企业文化的落地也离不开标杆与榜样。组织里面如果没有榜样，一切都是灰暗的，大家都失去了参照物。大家对企业文化的认知就会比较局限，出现"文化断层"，从而导致"亚文化"和"逆文化"盛行。

  树立组织的榜样，可以给新加入企业的员工提供参照标准，让员工知道什么样的行为是对的，什么样的行为是错的，什么样的行为是企业倡导的，什么样的行为是企业反对的。树

立标杆和榜样也是一种激励手段，它能激励被评为榜样的人更加积极进取，更加严格要求自己。（如图1-9所示）

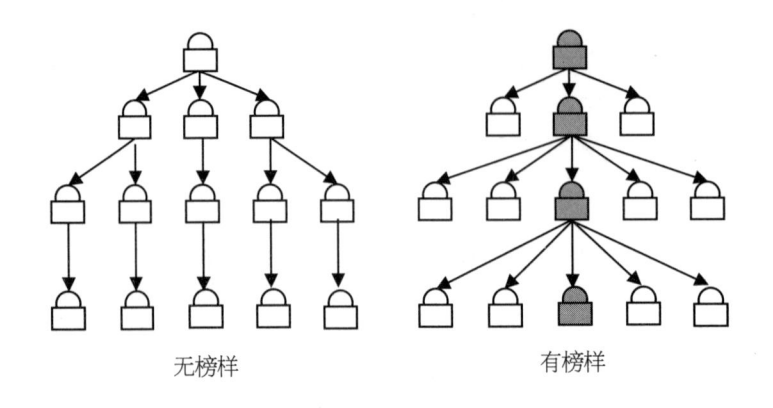

无榜样　　　　　　　　有榜样

图1-9　树立标杆和榜样

榜样的力量

我们先来看看下面的这个实验。

斯坦福大学教授做了一个著名的"斯坦福监狱实验"，这个实验为一本小说、两部电影、无数电视节目，还有一个乐队提供了灵感，就连法律都为此做出了修改。

实验的思路很简单：看看被挑选出来参加实验的健康、正常的普通人如何应对自己正常身份的彻底改变。

参加实验的人员一半扮演狱警，另一半扮演囚犯，这些实验人员要迎接生命中的全新体验。扮演囚犯的人一大早出门的时候被响着警报的警车逮捕，然后被采集指纹、蒙上眼、关进监狱。接着他们被剥光衣服、搜身、去虱子、理发，拿到囚服、得到一个号码，并在一只脚上拴上链子。另外一半实验人员变成了身穿警服、手持警棍的狱警。一开始一切都很正常，到了第二天，扮演囚犯者开始反抗，扮演狱警者迅速且残忍地采取了行动，他们把"囚犯"全身扒光，搬走了"囚犯"的床，把这次反抗的头目拉去关了禁闭。

经过了仅仅几天逼真的角色扮演之后，所有人都进入了各自的角色，忘记了他们是在参与一次实验。

直到这位教授的一位同事干预之后实验被停止。实验预计进行14天，最终持续了6天。

对参加实验人员行为的心理学解释是，他们具有了自己被指派的社会角色的属性，这其中包括接受与这些角色相关的隐含的社会标准：狱警可以用暴力对待囚犯，囚犯要忍受惩罚。角色可以改变人，如果我们把一个人塑造成标杆和榜样，则能让他获得向好的改变。

再来看下面的例子。

有一位专门研究儿童集体心理的学者田中熊次，他曾经以小学五年级的学生为对象进行实验。他让小学生轮流扮演学习委员的角色，结果发现孩子们为了让自己适合学习委员的角色，都变得非常努力。当孩子们身上具备角色性格之后，就会受到周围人的表扬，从而更加努力学习，形成良性循环。

企业文化就像一个大"染色池"，企业历史上形成的企业文化，也即"空气质量（$PM_{2.5}$）"的好坏，决定了企业文化"染色池"的正负作用（如图1-10所示）。坏人进入好的企业文化"染色池"会变好，好人进入坏的企业文化"染色池"会变坏。很多大学毕业生，原本"白纸"一张，进入一个不好的企业文化"染色池"，变得自私、贪婪、计较、平庸，最终一事无成。而有些在事业上碌碌无为，彷徨迷茫的人，找对了一家企业，一个平台，被正向的文化感召，最终改变了自己，成就一番作为。作为企业，就是要通过树立榜样改善企业文化的$PM_{2.5}$，从而感化员工。

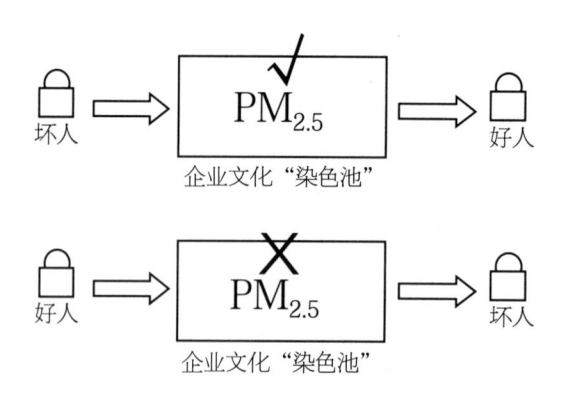

图1-10　企业文化"染色池"

树榜样应以身作则

柳传志说过，管理就是以身作则。阳明先生一生坚持言传身教，他认为修心需要事上炼，于是在处境艰难中，仍然精进不退，调整心态，改变处境，获得事功。比如下面这个王阳明先生以身作则的故事。

王阳明先生打了胜仗，张罗了一顿丰盛的酒筵慰劳诸门生,门生都不解,连忙问王阳明先生此举的缘故。王阳明答道:"我开始在都察院务堂为官的时候,不敢粗心,经常担心自己会愧对在座各位。近日与你们相处久了,还是会觉得此前的赏罚仍然有不妥当的地方,真是悔之不已。于是不断反思,力求找到自己的过失并改正。直至登堂行事,与你们各位相对时,我才能获得一些心安。我这一阶段的进步都是得益于你们各位的切磋辅助,我在这里再次感谢了!"门生听后,都愈加反省自己。

正人先正己,做事先做人。管理者要想管理好下属必须以身作则,要知道,示范的力量是惊人的。一旦通过表率树立起自己在员工中的威望,将会上下同心,大大提高团队的整体战斗力。得人心者得天下,做下属敬佩的领导将使管理事半功倍。员工会模仿领导的好习惯。例如,有的人习惯在下班前把办公桌清理一下,把没干完的工作带回家,坚持当天的事当天做完。那么,他的下属通常也能坚持做到当日事当日毕。作为领导,重任在肩,职位越高,就越应重视给人留下好的印象。领导总是处于众目睽睽之下,在做任何事情时务必要考虑到这一点。以身作则的好处是,过不了多久,你的部下就会照着你的样子去做。

"禁胜于身则令行于民"这句话就是我们常说的"只要以身作则,就能令行禁止"。在构建执行力的组织中,管理者自身因素非常重要,企业所有员工往往会将管理者行为作为自身的参考物,将其看成风向标,所以优秀的管理者要积极参与企业的日常工作，身先士卒，起好带头作用。

管理者把自己树立成榜样，有利于将企业理念植入自己的行为之中，影响并吸引员工向自己看齐，以此激发大多数人的工作激情，让大家以榜样为标杆，向榜样学习。管理者博学多才，口才一流，充满正能量，对员工也是一种激励。以自我为榜样的时候，至少要培养自己以下几种素质。

一、热爱企业，主人翁精神很重要

一个家庭的主人，不可能逢人就说自己家的坏话。只有热爱，把企业当成自己的家，才会对企业心存感恩，才会像对待亲人一样对待同事，才会像关心子女一样关心员工。事实证明，成功人士的身上几乎无一例外地表现出这种主人翁的精神，把工作上的事当成自己的事，甚至比关心家事更关心工作，主动、积极、奉献、负责、坚持追求成功、永不言败。他们不计较得失，不贪图名利，只是全身心地投入工作，全力以赴地完成任务。

二、尊重和关心同事

能成为榜样的管理者，必须是能够创造良好工作环境、尊重关心同事、吸引和留得住优秀员工的人。管理者应该记住，自己是为下属完成工作任务排除障碍的人，而不是"管"他们的人。

三、进取心

进取心是促进我们进步和鼓励我们前进的不懈动力，是成功的关键，是一个榜样应当具备的基本精神。有了进取心，我们才可以充分挖掘自己的潜能，实现人生的价值。人生如逆水行舟，不进则退。我们要始终保持进取心，才跟得上时代发展的步伐，能够满足企业的发展需要，只有进取，才能保持不竭的动力。

四、学习力

很多人在一个岗位上工作了一段时间，就会觉得工作起来非常熟练，无须继续学习，总觉得一些领导、管理、营销理论学得差不多了，于是慢慢地"啃老本"。殊不知，社会每时每刻都在前进，环境也在不断变化，我们若不能虚心地向周围的同事、同行、客户等学习，不断地刷新自己的大脑，给大脑补给能量，很快就会被淘汰。

作为管理者，要时刻记住，管理者的一举一动，代表的是企业，因而要严格要求自己，提高自己，给员工树立好的榜样。管理者只要意识到榜样的重要性，并积极改变，树立起积极向上，敢于拼搏的强者形象，企业里面优秀的员工将越来越多，团队合作氛围将越来越浓烈。

第四节　发挥愿景和口号的作用

通过本小节的学习，我们能够了解如何发挥愿景和口号的作用，以驱动企业文化落地。

【阳明先生语】

　　尝问塾师曰："何为第一等事？"塾师曰："唯读书登第耳。"先生疑曰："登第恐未为第一等事。或读书学圣贤耳。"龙山公闻之，笑曰："汝欲做圣贤耶？"

愿景是指挥棒

　　王阳明少年时曾向私塾老师提出一个很不寻常的问题："什么是人生的头等大事呢？"老师的回答也是干脆利落的："当然是读书考中进士"。阳明反驳老师说："读书考进士恐怕不是头等大事，头等大事应该是读书学圣贤。"学圣贤就是不以登攀仕途为目的，而以成圣当伟人为目标。王阳明少年时就明确了"成圣"的愿景，这在当时看来是"胆大包天"的。

刚刚登第的父亲王华嘲笑儿子这种不着边际的理想："汝欲做圣贤耶？"的确，一个少年说自己要成为圣人，自然是让人觉得可笑的。

愿景应该是"胆大包天"的（如表1-2所示），需要不断攀登和追逐，只努力一下就能达到的目标，不能成为愿景。愿景需要永不停歇地追求，比如"成圣"愿景，并不能说到了什么时候就是"圣人"了。据说王阳明提出"成圣"愿景时是12岁，很多人可能匪夷所思，平常的孩子怎可能会有这般言语。其实，王阳明成圣的愿景应该说是自小从他爷爷那儿得来的。相传王阳明会说话就会背诵爷爷曾读过的书，大人惊奇，问他为什么会，他说："听爷爷读时已默记住了。"

表1-2 那些"胆大包天"的企业愿景

公司	愿景
苹果	让每人拥有一台计算机
播恩集团	让全球消费者享用健康美味的农产品
丰田	有路必有丰田车

一个人能否树立远大的理想和他的见识是息息相关的，所见日大，其志日大。我们的知识、见识和境界不断提升，所立愿景就会越来越宏大，愿景就会成为逐渐超越个体的目标追求。将个体目标融入大众目标中，在"上学下达"式的主动学习和自我修养过程中，形成超越自我的共享愿景，进而由内而外地产生正向且可持续的影响力。

有愿景的组织能够令大家方向和步调一致，没有愿景的组织是一盘散沙。真正代表大众需求的愿景才是共享愿景，只有形成这种共享愿景，才有可能由内而外地影响他人。这也正是儒家所信奉的领导力模式，即"道之以德，齐之以礼，有耻且格"。领导力不能没有愿景这个源泉，领导力的内在源泉和外在导向都在于愿景。没有愿景，领导力会迷失方向，更会枯竭。（如图1-11所示）

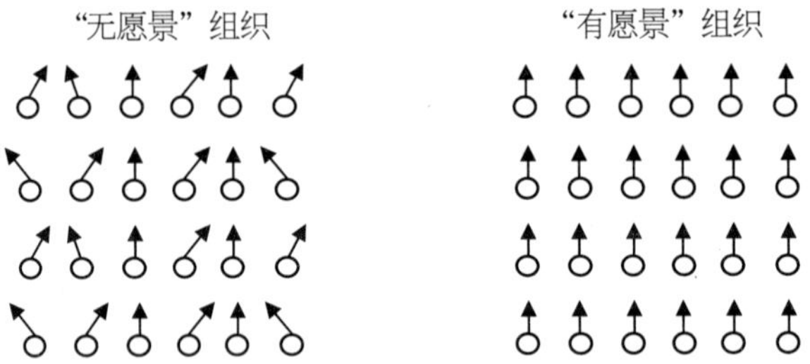

图1-11 "有愿景"和"无愿景"的组织比较

人的良知很容易被私欲遮蔽，没有共同愿景牵引的时候，大家常会为了一己私利做出选择和行动。愿景召唤良知，从根本上说，共同的愿景牵引我们修养出一种精神气质，并能够产生发乎于内的影响力。

企业愿景促使组织的所有部门为同一目标努力。愿景会成为我们职业生涯的动力，我们在工作中一定会遇到很多困难、挑战、挫败，愿景能够让我们看到希望，让我们充满动力地克服阻碍。

愿景也是企业员工日常工作中的价值判断基准。为此，在树立企业愿景时应明确企业的提供价值和目的。企业的提供价值是企业本质的存在理由和信念。企业愿景给企业员工指示发展方向，提供激励的基本框架，美国默克集团的"帮助同疾病斗争的人"，GE公司的"以技术和革新来使生活丰饶"等都是体现企业存在目的的代表。

愿景不仅属于领导者，更属于大家。当愿景被大家共享，就能够吸引越来越多的人，从而给予大家更高层次的激励，使大家能克服更大的困难。

口号提炼：从"知行合一"到"四句教"

有人尝试以一条曲线展示王阳明一生的浮沉。（如图1-12所示）[1]

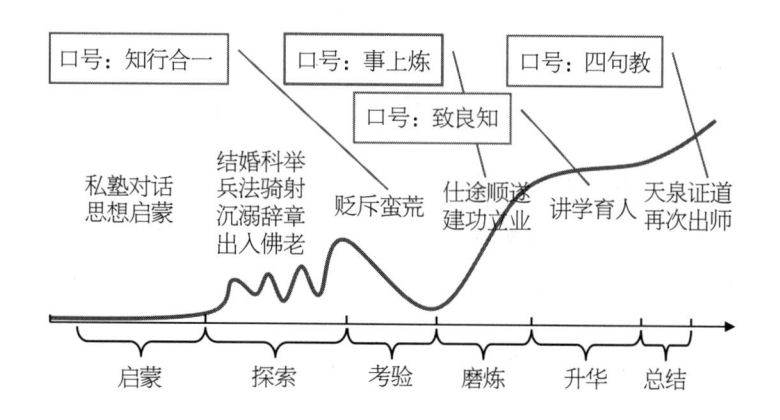

图1-12　从"知行合一"到"四句教"

---

[1] 钱穆.阳明学述要[M].北京：九州出版社，2010：133.

一、15岁以前，启蒙期

王阳明出身书香门第，自小对圣贤之学耳濡目染。对王阳明来说，15岁之前最重要的一件事就是他和私塾老师关于"何为人事第一等事"的对话，这是"经典一问"。也正是这"经典一问"在王阳明以后的人生中起到了提纲挈领的作用。这个阶段是王阳明立志"成圣"的启蒙阶段。

二、15岁到34岁，探索期

这个阶段是王阳明不断探索、实践和尝试的时期。成婚、科考、考察边关、学习兵法、骑射、辞章、出入佛老……王阳明为实现做圣贤的理想不断摸索，然而每次都乘兴而起，失落而归，这个阶段的曲线是波澜起伏的。

三、34岁到38岁，考验期

这一阶段对王阳明来说是人生的考验期。因为得罪了宦官刘瑾，王阳明被贬黜到贵州龙场，在蛮荒之地经历了一段孤独艰苦时光。这样的经历恰恰给王阳明带来了思想的提升，令他悟到"心即理"之理，提出"知行合一"口号。

四、38岁到50岁，磨炼期

这是王阳明仕途顺遂，建功立业的时期。在这一阶段，王阳明平定叛乱，表现出了卓越的军事才能。有人问他是如何做到的，他的总结是"此心不动，随机而动"，提出"事上炼"的口号。

五、50岁到56岁，升华期

王阳明度过了长达6年的教学生涯。这个阶段，王阳明不断提升自己的理论，他多次和学生讲，在艰难的处境中，自己是靠着"良知"支撑过来的，提出"致良知"的口号。

六、56岁到57岁，总结期

王阳明晚年对自己的心学思想进行了高度提炼和总结，提出"四句教"口号——"无善无恶心之体，有善有恶意之动，知善知恶是良知，为善去恶是格物。"

综观王阳明的一生，几乎每个阶段一个口号，每个口号引领一批人。阳明心学的传播，口号发挥了非常重要的作用。

"王侯将相宁有种乎"，从两千多年前陈胜喊出这句口号开始，它在历史的长河中激励了无数人奋起反抗不公。"高筑墙、广积粮、缓称王"，九个字的战略口号奠定了朱元璋取得胜利的基础。这些简短有力的口号，契合人们的心理需求，发挥了振奋人心的作用。试想，如果朱元璋的战略不以九字口号传播，而是长篇大论，是否能获得妇孺皆知的效果。一个经典口号，能带来"四两拨千斤"的效果；一个经典口号，能让人们津津乐道，千古流传。

那么，怎样才算是一个好口号？好口号需要具备什么特点呢？第一，要有趣。有趣，就是口号要能引起人们的兴趣，如果人们对口号都不感兴趣，更无从谈起广泛传播。第二，要朗朗上口。朗朗上口，是对一个好口号的基本要求。生僻字多，大家不认识，就不容易传播；不押韵，读来不够畅快，传播力就弱了很多。第三，简单直接。好口号应当直截了当，容易让人理解，隐晦难解的口号没有意义。第四，能鼓舞人心。好的口号要能让人热血沸腾，继而产生行动。做到这四点，一个超级口号便呼之欲出了。

口号对文化建设的作用

口号的基本特征是语言简洁、具有宣传和激励性。口号大体反映企业文化和企业管理的主题和内容。企业文化是企业信奉并付诸实践的价值理念。这些价值理念需要用简洁明确的语言归纳出来，表现为企业的核心价值观、企业精神、企业宗旨、企业作风，以及体现这些核心理念的信条。

对员工、顾客与股东都应提出相应强有力的口号。口号需要向全体员工宣贯，并将之衍化为员工道德行为的准则。企业常常以口号的形式把理念和准则写在墙上，让员工看在眼里，装入心中，落实到行为上。企业以价值观为核心的文化口号，也要体现在企业的品牌形象中，向顾客宣示，这种宣示往往通过一句最有影响力的语句来实现。对股东，也要有一个表达经营目标和经营理念的口号，以获得支持和资源，使企业发展壮大。（如图1-13所示）

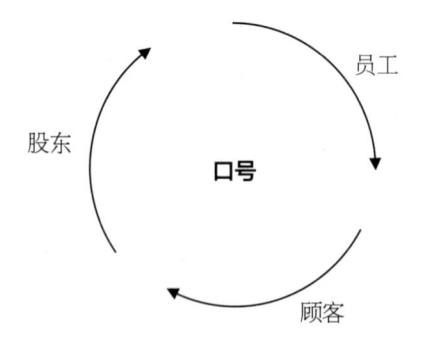

图1-13 口号对企业文化的作用

环境熏陶人，营造文化氛围很好的环境对企业文化的宣传可发挥极大的辅助作用，所以凡是企业文化建设好的企业，各个部门都有相应的企业文化宣传口号。企业文化是积极的，具有独特功能的，它能从根本上激发员工的工作热情，使每个员工都能树立起对企业的忠诚感，使企业的工作道德规范真正成为每个员工的工作规范，使企业和员工形成命运共同体，并且能够获得顾客和股东的认同。

【案例与思考】

同仁堂：何以名满天下

一谈起中药老字号，许多人便会不约而同地想到"同仁堂"。凭着"同修仁德，济世养生"的企业文化理念、"炮制虽繁必不敢省人工，品味虽贵必不敢减物力"的品质追求，同仁堂历经三百多年的风雨洗礼，熠熠生辉。如今，同仁堂已发展为跨国经营的大型国有企业。同仁堂何以长盛不衰？又何以名满天下？"长寿企业的秘诀在于：建立了一套卓越的企业文化，将企业存在价值融入整个社会公益的发展之中，并使之代代相传"，同仁堂企业给出如是解释。

一、质量观

同仁堂质量观的形成大致基于两点。一是同仁堂人的自律意识。历代同仁堂人诚实敬业，提出"修合无人见，存心有天知"的信条，制药选材地道，从不偷工减料，以次充好。二是同仁堂初为皇宫内廷制药，来不得半点马虎，稍有不慎就有可能导致杀身之祸。

历代同仁堂人坚持"配方独特、选料上乘、工艺精湛、疗效显著"四大制药特色，生产了许多疗效显著的中成药。

二、信誉观

若用一句话概括同仁堂的企业精神，那就是"同修仁德，济世养生"。同仁堂的创业者尊崇"可以养生,可以济世者,唯医药为最",把行医卖药作为一种济世养生、效力于社会的高尚事业来做。历代继业者始终以"养生""济世"为己任,恪守诚实敬业的品德,对求医购药者一律以诚相待,始终坚持童叟无欺、一视同仁。在市场经济的竞争环境中,同仁堂始终坚持"诚实守信"是对一个企业最基本的道德要求,讲求信誉是商业行为最根本的准则。

三、形象观

同仁堂十分重视树立同仁堂形象。早年间,在朝廷会考时赠送"平安药";冬办粥厂夏施暑药;办"消防水会"等。如今的同仁堂继承了原有的优良传统,又为增加了符合时代特征的新内容。通过媒体进行同仁堂整体形象的宣传,提高企业的知名度和美誉度。进行企业内部宣传,提高企业的凝聚力和向心力。发挥同仁堂文化力的作用,用同仁堂精神鼓舞员工,激发员工的积极性、主动性和创造性。紧抓同仁堂企业识别系统的设计工作,树立同仁堂新形象。积极参与社会公益事业,提高企业的社会责任感。

四、人才观

善待员工是同仁堂几百年的传承,只有企业善待员工,员工才会善待企业,这种"善待文化"让同仁堂不断延续和谐,延续辉煌。面对知识经济的挑战,同仁堂努力实践以人为中心的管理理念,将员工的创造力视作企业的重要财富与竞争力的根本,通过全方位的全员培训制度提升员工能力,使员工的价值与企业的进步和谐统一。

同仁堂的一大特色是坚持中医药"师傅带徒弟"、口传心授的传统育人理念，辅以多岗培训、派出进修、自学奖励等机制，强调课程体系差异化、培训资源多样化、全员培训普及化，充分调动青年员工的学习积极性，形成了人才接力梯队。结合员工发展特点，建立不同职业发展通道，因材施教，为员工提供不同的发展空间。

同仁堂以老字号品牌为核心，在传承中创新，在创新中发展，让百年老企业不断焕发勃勃生机。同仁堂的优秀企业文化值得我们深思与借鉴，相信同仁堂可不断飞跃，取得新的成就。

思考：

1. 同仁堂的企业文化和王阳明的"致良知"思想有何关联？同仁堂的企业理念是如何体现"致良知"思想的？

2. 我们该向同仁堂的企业文化学习什么？对企业经营管理有何借鉴意义？

第二章
向王阳明学战略管理

【 提　要 】

希望读者通过对本章的阅读，能够从王阳明思想中学习到战略规划的核心要点。

- 立志是企业战略发展的起点
- 趋势预判和利弊分析是战略规划的前提和基础
- 了解战略落地鸿沟，做到知行合一战略落地

第一节　树立志向：战略发展的起点

通过本小节的学习，能够了解企业战略发展的起点，了解立志的重要性，并可以向王阳明学习如何立志。

【阳明先生语】

夫学，莫先于立志。志之不立，犹不种其根而徒事培拥灌溉，劳苦无成矣。

——

志不立，天下无可成之事，虽百工技艺，未有不本于志者。今学者旷废隳惰，玩岁愒时，而百无所成，皆由于志之未立耳。故立志而圣，则圣矣；立志而贤，则贤矣。志不立，如无舵之舟，无衔之马，漂荡奔逸，终亦何所底乎？

——

同舍有以不第为耻者，先生慰之曰："世以不得第为耻，吾以不得第动心为耻。"识者服之。

立志是战略发展的起点

战略是什么？德鲁克说："战略是一种锲而不舍的承诺。"[1] 这种锲而不舍的承诺，其实就是我们的志向。王阳明曾经为他弟弟王守文写过一篇文章《示弟立志说》，反复叮咛立志的重要性："夫学，莫先于立志。志之不立，犹不种其根而徒事培拥灌溉，劳苦无成矣。"这段话的大意是：求学问，首先在于立志。不立志，就好像植树不深埋其根，只是培土灌溉，徒然劳苦，终究无成。世上庸碌无为，随波逐流而最终流于污下的人，都因为"不立志"。

王阳明之所以能成为"立德、立功、立言"三不朽的圣人，和他从小立志是有关联的。王阳明从小就不是一个甘心平庸的人，远大的志向和过人的意志，使他能够摆脱困境，做到坚忍不拔、百折不挠，最终达到了"此心光明，亦复何言"的人生境界！《王阳明大传》收录了王阳明12岁时写的一首《蔽月山房》，"山近月远觉月小，便道此山大于月。若有人眼大如天，当见山高月更阔。"[2] 显示出他不凡的眼光和志向。

前文我们讲过王阳明少年时与私塾老师关于"什么事是人生头等大事"的故事，王阳明直言不讳地反驳老师："读书考上科举恐怕还不是最重要的事，或许读书学做圣贤才是。"少年王阳明就认为"读书做圣贤"才是人生目标。当然，那时的

---

[1] 德鲁克.管理：使命、责任、实务［M］.王永贵，译.北京：机械工业出版社，2013：118.
[2] 转引：冈田武彦.王阳明大传［M］.杨田，译.重庆：重庆出版社，2014：238.

王阳明对"读书做圣贤"还只是朦胧向往，是他的良知的天然呈现，此后他用了一生的时间为此探索前行。立志要像愚公移山一样，目标远大，虽然困难重重，却坚信一定能实现，而且每天都能看到自己离目标近了一点。

张承志说："饱暖或餍足是不够的，富裕或财富是不够的——确实还存在更高的形式。确实还存在这样的问题，在活下去的同时，怎样做才能保住生的尊严？缥缈如流水日子，怎样过才算有过生的高贵？"[1]人生中的一切功名利禄、穷达祸福、顺逆成败、风光落魄，都不过是速朽的身外之物或迟早要散的眼前浮云罢了，唯有自处的品格与精神，堪为生命的终极表达！为什么很多人一辈子碌碌无为？大多与我们的立志和发心有关，若我们只是在市场中随波逐流追逐机会，就不免被市场千变万化的浪潮淹没。事业的成就与长远，其实都基于我们的立志和发心，以及我们是否能依着这个志向坚持不懈地远航。

志不立，事难成

俗话说"有志者，事竟成"，俗话也说"有志登山顶，无志站山脚"，人生匆匆，想多有建树，首先要确立一个志向，并且要坚定不移地为实现志向不懈努力。鸟贵有翼，人贵有志。人没有理想，就像在茫茫大海中随波而动的帆船，最终只会湮灭在大海中。理想，是大海中的灯塔，是大雾中的光亮，

---

[1] 王明夫.气质［M］.北京：中信出版社，2013：12.

是沙漠中的路标，是夜空高悬的北斗星。无论什么情况下，有理想，就有希望。希望是生命的源泉，失去它，生命就会枯萎。人的活动如果没有理想的鼓舞，就会空乏无力。

人有了物质才能生存，人有了理想才谈得上生活。一个人整天茫茫然无所事事，不知为什么而活着，不知为什么去努力，那么生命的意义也只剩下了生存。有了生活的理想，才会有理想的生活，才能对人类进步和社会发展，做出自己的贡献，才能实现自己的人生价值。立志要以对人类，对社会是否有益为出发点，否则既非大志也成不了什么大事。

人生之所以迷茫，归根结底是没有远大的志向和为之奋斗的明确目标。没有人生目标，只会停留在原地；没有远大志向，只会变得慵懒，听天由命，叹息茫然。不想让机会就这样溜走，不愿让青春就这样逝去，就要靠志向和理想冲出迷茫的漩涡，崭新的人生之页将会从这里翻开。

致良知：立志的要领与方法

成何等功、立何等业，首先在于发心与立志。发一个投机取巧的心，便只能立一个投机倒把的业；立一个兼济天下的志，则能成一个利益大众的功。那么，此心真有如此强大的力量吗？

"此心不动，随机而动"，这八个字道出了王阳明长期立于不败之地的真谛。一般人知道科举落榜消息时，必定唉声叹气，叫苦不迭。王阳明连续两次科举考试名落孙山，都和别人表现不同，他说，你们以落第为耻，我却以落第动心为耻。《王阳明大传》中记录了关于"此心不动，随机而动"的缘由。

创立心学的几年后，王阳明到战场剿匪，百战百胜。有弟子问他用兵有什么技巧？阳明回答：哪里有什么技巧，只是努力做学问，养得此心不动，如果你非要说有技巧，那么此心不动就是唯一的技巧。大家的智慧都相差无几，胜负之决只在此心动与不动。王阳明举例说，自己和宁王对战时处于劣势，他向身边的人发布准备火攻的命令，那人无动于衷，他说了四次，那人才从茫然中回过神来。这种人就是平时学问不到位，一遇事就慌乱失措。

那些能够急中生智的人的智慧不是凭空而来的，而是学问纯笃的功劳，只有此心不动，才能不被外物迷惑和指使，才能随机而动，就如一面明镜，洞察世事。（如图2-1所示）

图2-1 "此心不动，随机而动"示意

一个人面对一些失败不会动心，是因为这些失败对他而言无伤大雅，或者说，他根本不在乎。换言之，我们不在乎一些失败，是因为有更高的追求。王阳明的追求是做圣贤，于是科举考试对他而言就是一片浮云。所以，我们若想做到对一些失败不动心，对一些诱惑不动心，就必须如王阳明所言，立下高远志向，一门心思向这个志向驱驰，志向之外的东西，不必挂怀。树立了远大的志向，我们才能不计较眼前得失，才能面对毁誉荣辱不动心，才能经受住外界的各种诱惑，才能"动亦定，静亦定"，才能知道自己哪些事能做，哪些事不能做，才能根据环境变化审时度势，抓住机会乘势而上。

有人说"以后我要赚很多钱，买一套豪宅，买一辆好车，环游世界……"我想，这些都算不上立志。志向，是一个人的人生理想，"赚钱""买房""买车"只能算作个人的普通追求。很多时候，我们用欲望偷换了理想的概念，它们的区别在于：理想指向他人，以利他为导向；欲望指向自己，以利己为依归！（如图2-2所示）

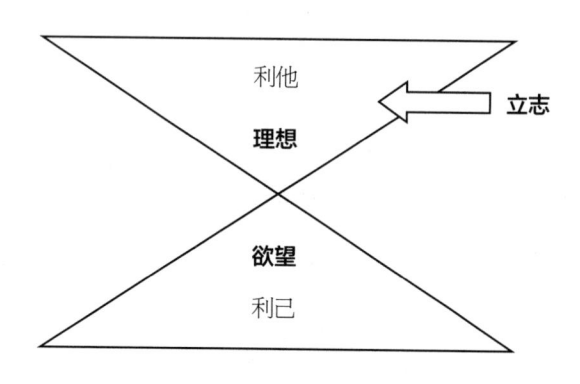

图2-2 王阳明"立志"的要领

王阳明说："立志而圣，则圣矣，立志而贤，则贤矣。"王阳明提倡立的志，是圣人之志，贤人之志，志士之志。才德全尽谓之圣人；道德和才能不同于常人者谓之贤人。古人常说的"立大志"，就是立这样的志！

有人说"我的志向是做科学家！"但是，有专门研究毁灭人类生化武器的科学家；也有研究治疗疾病和促进健康的科学家。

有人说"我的志向是创办一家企业！"但是，有坑蒙拐骗、制假贩假的"企业"；也有关爱顾客、关爱员工，为社会创造价值的企业。前者为一己私利，不择手段，后者则利益众生，肩担责任。

因此，"立志"不在于立志做什么，而在于做这些是为了什么！正像王阳明所说，立成圣之志，就是愚钝的普通男女也可以悟道，若不立圣贤之志，再饱学也无济于事。志之所向，就是心意之所向，就是要人们择善弃恶。在资本财富已经不属于稀缺资源的时代，理想和理想主义却会越来越稀缺，勇于坚守理想的人，一定要肩扛理想主义的大旗，才能守得云开见月明，毕竟越稀缺越具竞争力。

企业战略的核心在于对外部市场机会的选择，而选择其实是最难的。很多人总是基于外部机会随波逐流，今年觉得房地产赚钱就想去做房地产，明年觉得酒水行业赚钱就想去做酒水，结果项目做了一大堆，却没有形成自己的核心竞争力，每个项目都处于亏损状态，最终一事无成。如果我们能够树立一个做企业的志向，找到心中做企业的"主义"，做到"此心不动，随机而动"，专注地去做好一瓶辣椒酱，比如"老干妈"；专注地去做好一把梳子，比如"谭木匠"；专注地去做好一款手机，比如"华为"；专注地去做好一包猪饲料，比如

"八维"，那么结果可能就完全不同了。

《传习录》中记录了王阳明谈立志的方法："只念念不忘天理，即是立志。能不忘乎此，久则自然心中凝聚，犹道家所谓结圣胎也。"

王阳明让我们从"克己"做起，从我心做起，反身而诚，明心见性，这样不依赖外界就能改善自己的德行水平，主体高大了，外界就渺小了。天下事虽万变，我们的反应不外乎喜怒哀乐这四种心态，练出好的心态是我们学习的最终目的。在千变万化的境遇中，在错综复杂的矛盾中，自己能找到良好的心态，自己能听从灵魂的指令，保持虚灵不昧的状态，以自己的全部机能，不仅以理智，更需要以意志和直觉的努力，能动地追求更高的精神水平，就是王阳明的根本又简易的"致良知"法门。

第二节　趋势洞察：战略规划的基础

通过对本小节的学习，我们将了解王阳明如何对国家大势进行分析和洞察，并可以此进行战略规划。

【阳明先生语】

　　臣愚以为，今之武举仅可以得骑射搏击之士，而不足以收韬略统御之才。今公侯之家虽有教读之设，不过虚应故事，而实无所裨益。诚使公侯之子皆聚之一所，择文武兼具之才，如今之提学之职者一人以教育之，习之以书史骑射，授之以韬略谋猷……因使之得以周知道里之远近，边关之要害，虏情之虚实，事势之缓急，无不深谙熟察于平日；则一旦有急，所以遥度而往莅之者，不虑无其人矣。

———

　　宸濠出攻安庆，师既破省城，以三策筹之。上策直趋北都，中策取南都，下策回兵返救。或问计将安出？师曰："必出下策。驽马恋栈豆，知不能舍也。"

王阳明对天下大势的判断

王阳明被评价为哲学家、思想家、政治家和军事家，同时他又是一位大战略家，这可以从他给朝廷建言的"边务八策"中看出来。从弘治八年（1495年）开始，明朝的边境就有些动荡，鞑靼进犯凉州，弘治十年（1497年）鞑靼又攻扰潮河川。边境危机，朝廷遍求良将不得。忧患之际，王阳明立即上了一篇《陈言边务疏》，内陈"边务八策"，从中可以看出王阳明大战略家的眼光。王阳明在文中提到，朝廷的"武举"制度只能选到擅长骑射搏击的勇士，很难得到具有韬略智谋、文武双全、能够统驭三军的将领。公侯家族虽有教读，但多理论缺实践。因此王阳明建议朝廷建立培养和选拔可统驭三军的文武全才将领的机制。由此可见，王阳明后来能够荡尽南方盗贼、平定宁王之乱，不无根由。王阳明的这些成就几乎是普通儒生永远达不到的，也体现了他的战略能力。

在王阳明的言行中，常能找到"战略定位"的影子。战略定位主要是通过对外部环境趋势和竞争对手的分析找出外部机会，然后结合自身的内部优势，找到战略的方向。首先，王阳明分析当时的外部机会：边关告急，朝廷无良将，当时的科举制度，文和武太过分离，武举只能选出缺乏韬略的勇士，不能找到能够统驭三军的将才。其次，再分析内部优势：王阳明年轻时就深度关注边境防务，喜欢研读兵法，会见宾客或参加宴会时，他常用果核排兵布阵。两相结合，王阳明似乎找到了实现"经世济民，建立事功"的理想和抱负的最佳路径——借雄成圣。

王阳明少年时就开始了他"成圣"的实践。

明朝北方边境一直没有太平过。王阳明15岁那年，在祖父的支持下骑马到居庸关考察边情。他认为做圣贤不仅要读好书，还要能保境安民。登上居庸关，看到峰峦叠翠……是王阳明将"做圣贤"的想法付诸实践的一种尝试。当时，由于连年饥荒，湖广、河南、陕西交界地发生流民暴动，震动京城。王阳明得知此事后，把自己关在房间里，写了份长长的报告。王阳明结合对居庸关的实际考察，阐述了自己的军事思想，贡献了克敌制胜的策略，甚至请求皇帝让他亲自带兵前去征讨。王阳明把写好的报告交给父亲王华，请王华转呈兵部。王华看也没看就训斥道："小小年纪，既无科名又无官职，竟然要向兵部进言献策，简直狂妄至极。"王阳明只好悻悻作罢，但他还是念念不忘做圣贤的大事。

虽有智慧，不如乘势

通过对外部宏观趋势的研究找到机会点，匹配内部资源和优势，找到战略定位方向，这岂不正是企业战略规划的方法？战略的本质是"选择"，企业做战略，是因为企业的资源和能力有限，无法有效利用所有外部资源。并且，企业面临或嵌入的环境不同，应对环境的战略行为也就必然不同。因此，企业如何制定既量力而行又对现实有所突破的发展战略显得至关重要。SWOT分析模型是有效的战略规划工具（如图2-3所示）。

S 优势	O 机会
W 劣势	T 威胁

图2-3　战略规划的SWOT分析模型

成功的企业家都是天才的战略家，他们凭借天才的洞察力和直觉引导组织走向成功。成功的企业首先在于其战略方向选择的成功，所谓"只要方向对了头，一步一层楼""方向错了，执行力越强，错得越彻底"。在战略规划的过程中，对行业大趋势的洞察与预判是最为重要的，《孟子》有言"虽有智慧，不如乘势"，比如"小米"。

智能手机兴起时，传统手机销售模式层层渠道，到达消费者手中时手机价格非常高。小米以其超高性价比迅速席卷手机市场。互联网给小米提供了与消费者直接对接的平台，社交媒体给小米带来了畅通的口碑传播渠道（如图2-4所示）。同时，很多小米的模仿者是失败的，因为这里还有个必要条件，就是产品性能可以通过参数比较出来，消费者可以很快对比性价比，做出决策。很多模仿者都忽略了这一点，产品性价比不高，低价就意味着低质，消费者又怎么敢去购买？

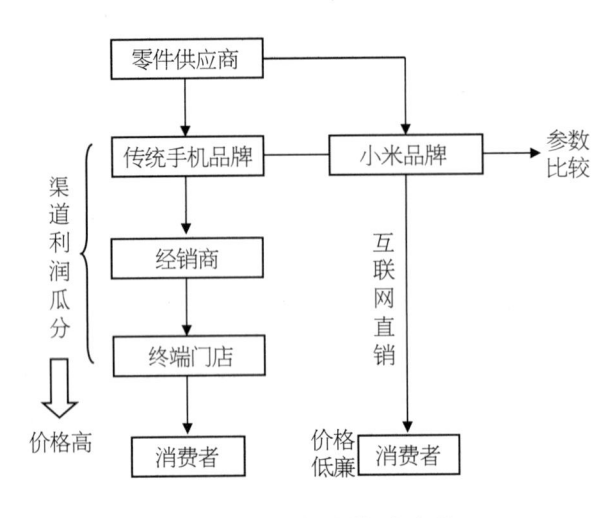

图2-4 小米的战略定位

战略选择的核心在于对未来大趋势的洞察和预判，只有洞察未来趋势的变化才能找到企业的未来战略！

战略路径的利害分析

关于王阳明和宁王的战斗，有这样的记载。

正德十四年（1519年）六月，王阳明奉朝廷之命前往福建平定叛乱，突然得到一个惊人的消息，南昌城里的宁王起兵谋反了。面对严峻形势，王阳明分析说，宁王的上策是趁着自己方锐之气，出其不意直趋京师，那么社稷就危险了；中策是直接攻打南京，大江南北将会遭受伤害；下策是割据江西南昌城，这个时候他将处于皇上军队的包围中，鱼游釜中，只有死路一条。于是王阳明遍贴告示，称官府早有准备，已经发动各路大军攻打南昌，还用反间计，假造宁王手下写给官府的书信。宁王果然中计，在南昌严阵以待，如此一来，王阳明赢得了筹集兵马的宝贵时间。等到宁王发觉上当，已经是半个月之后了，宁王仅留下万余兵马驻守南昌，自己率六万主力攻打南京。对此，王阳明采取了"围魏救赵"的战术。他安排少数兵马在安庆与宁王的部队周旋，自己则带领两万官兵赶赴南昌，并很快攻下城池。

宁王听说王阳明率兵攻打南昌，立即率军回救。当宁王船队到达鄱阳湖时，遇到了在此拦截的王阳明船队。王阳明故意只派几艘战船迎战，边战边退，引诱叛军进入埋伏圈，随后下令伏兵出击，斩杀叛军两千余人，落水而死的叛军上万人。第二天，宁王亲自率军大举进攻。因风向不利于官军，王阳明命令战船撤退。突然，王阳明所在的指挥船升起一块白布，上写"宁王已擒，我军毋得纵杀！"叛军不明真假，惊疑不定，一时阵脚大乱。官军乘势反攻，叛军大败。第三天，宁王决定将剩余的战船连为一体，打算结成方阵后再战。王阳明据此定下火攻战术。第四天，一支支火箭射向叛军战船，叛军乱作一团，宁王被擒。

王阳明在与宁王的对战中，分析了宁王进攻战略的三条路径，并对三条路径一一做了分析，指出三条路径的利弊，最终引诱宁王选择了下策。利害原则是《孙子兵法》中反复强调的一个战略思维原则。孙子关于这一原则的论述也非常丰富。比如关于为什么要知利害，孙子讲"智者之虑，必杂于利害，杂于利则务可信也，杂于害则患可解也"。又如关于知利与知害的关系，孙子强调"不尽知用兵之害者，不尽知用兵之利也"。战略方向明确之后，接下来就是考虑战略路径的选择问题了。所谓"条条大路通罗马"，战略路径可能有千万条，但是我们要对每条战略路径做利害分析，选择最佳路径，就像孙子所说"合于利则动，不合于利则止"。

第三节　认清现实：战略目标的节奏

通过本小节的学习，我们将了解王阳明实现圣人理想的曲折过程，这对我们战略目标的制定具有一定的参考意义。

【阳明先生语】

　　五年壬子，先生二十一岁，在越。……是年为宋儒格物之学。先生始侍龙山公于京师，遍求考亭遗书读之，一日思先儒谓"众物必有表里精粗，一草一木，皆涵至理"。官署中多竹，即取竹格之，深思其理不得，遂遇疾；先生自委圣贤有分，乃随世就辞章之学。

战略的不确定性

　　王阳明虽然立下了"圣人"之志，虽然选择了修习兵法，胸怀韬略去建立事功，去实现自己经世济民的理想和抱负，但是理想很丰满，现实往往事与愿违。王阳明踏上科举这条路后，接连陷入逆境，先两次科考落榜；接着又得罪宦官刘瑾被贬斥贵州龙场，中途还遭人追杀，差点丢了性命。

战略方向选好了就万事大吉了吗？

有人说"战略不可规划，计划赶不上变化，人生就像脚踩西瓜皮，滑到哪里算哪里。"是这样吗？从王阳明的整个生命曲线来看，变化是波浪起伏的，然而，我始终认为，他的"圣人之志"没有变，他的"兵法救国"战略方向没有变。后来也如他所愿，依靠自己的兵法和谋略建立事功，在困境中悟出"心学"体系，成为一代大儒圣贤。

确定短期可以实现的目标

王阳明从小就树立了"成圣贤"的远大志向，所以他对科举的态度与众不同，别人死记硬背应考，他却探究理学的内在机理。得知圣人可以学而至后，他更是兴奋不已。

朱熹的"格物致知"给了他方向的指引，朱熹说"理"这个东西藏在自然万事万物当中，今天格一物，明天格一物，日积月累，总有一天会恍然大悟。于是，王阳明在自家的院子闭门"格竹"，竭尽全力探究竹子的"理"，到了第七天，王阳明就耗尽心力病倒了，最终一无所获。

"格竹"失败，王阳明在"求圣"之路上撞得头破血流，他开始回归现实,觉得成为圣贤并没有那么简单。缺乏人生经历的悟道,就是空谈,必须要在事上磨炼才行。于是,王阳明转而专心准备科举考试。因为在当时的社会,不考取进士,就很难实现经世济民的理想。但是,如果只重视科举,不注重身心修行,又会陷入功利霸道的歧途。王阳明将修习圣贤之学作为参加科举考试的目的,也可以说考科举是王阳明的短期可实现的目标,"成圣贤"则是王阳明的长期目标。(如图2-5所示)

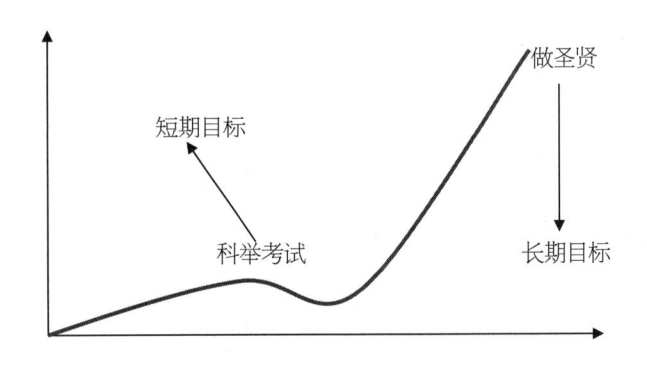

图2-5 长期目标与短期目标

与王阳明同一时代,有另外一位大家所熟知的人物,他与王阳明有着相似的出身,却有完全不同的命运,这个人就是唐伯虎。唐伯虎比王阳明年长两岁,这二人有很多相似点:都出身书香门第,都少有大志、饱读诗书,从小都有才名。唐伯虎16岁就考中府试第一名,轰动苏州城,29岁到南京参加乡试,再获第一名,从此人称"唐解元",到会试的时候,却遭遇了

"泄题案"。唐伯虎就此一蹶不振，绝迹仕途，放浪形骸，郁郁终生。同样身陷逆境，王阳明却能够认清现实，随遇而安，绝地反弹，终成"心学"宗师。

每个人应该认清现实，每个阶段完成每个阶段的目标，而不要过于理想化，一口就想吃成大胖子。在发现"成圣"没法通过"格竹"一蹴而就后，王阳明认清现实，决定先实现短期目标，唐伯虎却在挫折之下选择了避世之路。其实，无论是传统企业家，还是年轻创业者，很多时候都是因为搞不清长期目标和短期目标的关系，最终一败涂地。很多创业者在描述创业想法时，总是侃侃而谈，将未来的战略蓝图描绘得特别美好，回归到现实却发现，宏伟蓝图的每一步实现起来都很困难，无从着手。最终，战略蓝图只停留在想法和口号上，没能被拆解成一个一个可实现的短期目标，有节奏地去实现。

长期目标坚定不移

我们先来看一段关于王阳明的事迹。

弘治十五年（1502年），王阳明31岁，他完成江北地方囚犯的审录工作，回京复命。此时朝廷中的旧交名士正以模仿做古体诗为时尚。这些文人成立了诗社，热情邀请王阳明加入。王阳明对此表示拒绝，还叹息着对周围的人说："我怎么能把有限的人生精力花费在那些没有任何意义的虚词空文中呢？"

不久，王阳明便向朝廷告病请辞了。

王阳明虽然进入仕途，但从不贪恋权利和地位，始终不忘"圣人"之志。所谓"不忘初心，方得始终。"什么是初心？初心就是在人生的起点许下的梦想，初心可以给我们一种积极进取的状态。苹果公司创始人乔布斯说，创造的秘密就在于初学者的心态。初心正如新生儿面对世界，充满好奇、求知欲和赞叹。因为如此，乔布斯始终把自己当作初学者，时刻保持着探索的热情。

每个人都拥有自己的初心，它是婴儿出生时的第一声啼哭，是恋爱中的第一次萌动，是为了梦想的第一次出发。我们常常因为忘记初心，走得十分茫然，多了许多柴米油盐的奔波，少了许多仰望星空的浪漫；因为忘记初心，我们已经不知道为什么来，要到哪里去。

人生只有一次，生命无法重来，要记得自己的初心。经常回头望一下自己的来路，回忆当初为什么启程；经常让自己回到起点，给自己鼓足从头开始的勇气；经常纯净自己的内心，给自己一双澄澈的眼睛。不忘初心，才能找对人生的方向，才能坚定追求，实现梦想。

不少企业，无论大小，其失败正在于战略目标的管理上。良性的企业发展应该是："吃着碗里的"——短期，1到2年有支撑运营现金流的奶牛型业务；"看着锅里的"——中期，3到5年有增长较快、回报预期较高的明星型业务；"想着田里的"——长期，5到10年有符合未来趋势的培育型业务。

企业战略目标的管理，需要向王阳明学习。短期要认清现状，脚踏实地地去做这个阶段该做的事，长期要不忘初心，时刻铭记企业的价值，思考企业的核心竞争力，贴近用户而非远离用户，如此才能立于不败之地。

第四节　知行合一：战略落地的关键

通过对本小节的学习，我们将了解王阳明知行合一的思想，掌握企业战略落地的关键要素。

【阳明先生语】

爱因未会先生"知行合一"之训，与宗贤、惟贤往复辩论，未能决，以问于先生。

先生曰："试举看。"

爱曰："如今人尽有知得父当孝、兄当弟者，却不能孝、不能弟，便是知与行分明是两件。"

先生曰："此已被私欲隔断，不是知行的本体了。未有知而不行者；知而不行，只是未知。……就如称某人知孝、某人知弟，必是其人已曾行孝、行弟，方可称他知孝、知弟；不成只是晓得说些孝、弟的话，便可称为知孝、弟。又如知痛，必已自痛了方知痛；知寒，必已自寒了；知饥，必已自饥了。知行如何分得开？此便是知行的本体，不曾有私意隔断的。圣人教人必要是如此，方可谓之知；不然，只是不曾知。此却是何等紧切着实的功夫！如今苦苦定要说知行做两个，是什么意？某要说做一个，是什么意？若不知立言宗旨，只管说一个两个，亦有甚用？"

战略落地的鸿沟

王阳明认为"知"和"行"本来就是一件事,它们是一个事物的两个面。知道孝敬父母,实际行动又不孝敬父母的人,他们的知与行已经被自己的私欲隔断,已经不是知行的本来面目了。没有知而不行的人,知而不行,仍是不知。古人之所以说一个"知"又说一个"行",是因为世上有一种人,只知道闷着头随意去做,完全不知道思索省察,也就是胡乱作为,所以必须先说一个"知",才能让他行得对;又有一种人,茫茫荡荡凭空去思索,全不肯切实去行动,只是捕风捉影,所以必须说一个"行",才能知得真切。这都是古人不得已说的补偏救弊的话,如果领会了古人的这种良苦用心,只要说一个"知"或者一个"行"就足够了。现在的人却将"知"和"行"分成两件事情去做,以为必须先知道了然后才能去执行,如果先去讨论研究做"知"的功夫,等到知得真了才去做"行"的功夫,那么就终身不能"行",也终身不能"知"。所以,王阳明提出"知行合一"学说。

王阳明觉得把"知"和"行"分离的弊端很大,很多人天天学习理论知识,却从来不去实践,满口仁义道德,私底下却做着肮脏龌龊的事情。在现代企业管理中,由于人们"知"与"行"分离,导致了计划与执行的背离,从而形成企业战略落地的障碍。组织的一切行为都应该是为了将战略落地为业绩,然而大多数组织的行为结果并不理想,战略预期与实际结果之

间有一条横亘其间的鸿沟，被称为"执行鸿沟"。（如图2-6所示）[1]

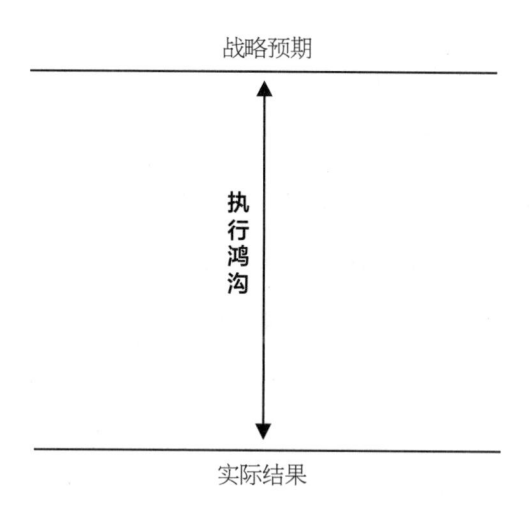

图2-6　战略落地的"执行鸿沟"

战略制定完成之后，企业要有效组织资源促进战略落地。把战略规划转变成战略行动是一个充满挑战的过程，牵涉资源的付出，所以又是一个非常艰难的过程。因为企业的资源是有限的，对资源的分配必然存在分歧，可能导致内部冲突。如果高层管理者对战略的执行存在认识上的偏差，事业部或业务单元的关键人员对战略执行缺乏积极性或者有抵触情绪，战略执行便无法有效完成，于是"知"与"行"便分离了。

企业花费很大精力和代价制定战略，但是缺乏执行力，或者没有运用适当的方法，战略规划往往不能得到彻底贯彻。如

---

[1] 拉里·博西迪，拉姆·查兰，查尔斯·伯克.执行［M］.刘祥亚，等译.北京：机械工业出版社，2016：124.

果企业不能制订切实可行的战略执行计划,战略规划很难有效落地。因此,采取有效的战略执行方法,制订有效的战略执行计划,并按计划推进工作至关重要。

为什么会产生"知"与"行"的分离?为什么战略落地难?为什么会产生执行鸿沟?当企业战略执行不到位时,我们找到企业的相关人员进行沟通时往往得到如下回答:

"我不清楚战略是什么,只知道我们的业绩目标是……"

"我觉得公司制定的战略根本不可能实现……"

"我认为我们公司制定的战略方向有点问题……"

"公司制定了战略,但感觉中层的执行力不足,不能准确理解高层的战略思想和意图,不能把战略变为计划,再把计划变为结果……"

"各部门之间不能有效协同,年初制定战略时觉得想法挺好,可是分解下去执行的时候就走了样,有什么办法能让各部门自主协同起来吗?"

类似的回答还有很多,但归集起来就是一句话——不是战略规划出了问题,是执行出了问题。如果高管有机会听到这些声音,一定会大吃一惊,很显然,高管和中基层对战略的认知存在很大的错位,对战略没有形成最起码的共识。

共识确认

成功始于计划,对企业而言,成功离不开战略引领。战略的制定好比远行的船有了灯塔的指引,如何根据灯塔的指示绕过海底的暗礁到达既定的目标是我们需要想办法解决的问题。一个组织要确保正确的发展方向，具有凝聚力和执行力，就必须有统一的战略理念，而且要使它渗入组织的每一个环节中，成为支配一切行动的灵魂。这个灵魂很重要，它是组织团结协作的动力源泉。有了战略共识，就能统一精神，把人们的注意力集中在一个目标上；就能协调行动，使人们相互配合，形成良性互动。

前些日子听到一个故事。

一家企业采购部门的文员接受主管布置的一项任务——对供应商的资料进行分类整理。这位文员二话没说就投入工作中。他加班加点，三天后将整理好的供应商资料交到主管手上。主管一看，大叫"不对！"原来主管的意图是将供应商的资料按照材料类型分类整理，这位文员却是按照地区进行分类整理的。

我们布置了一项工作任务，在执行时"走了样"，不能圆满完成，这种令人尴尬的"戏码"经常可以看到。然而，造成种种"走样""不到位"的主要原因，往往不是执行者心存故意或者偷懒耍滑，而是从任务布置到接受这个看似平常的"程序"出了问题：由于多种原因，执行者对指令理解有误差，甚至执行者的实际理解与根本意图南辕北辙。

共识确认，实际上是正确进行每一项工作的前提。一个战略的落地首先是要达成战略共识。应在"布置—接受"这个程序中加入"共识确认"这一必不可少的环节，从而形成"布置—共识确认—接受"的模式。

战略共识的达成

战略理念发挥作用的关键是一定要得到普遍认可,让大家认可战略理念可以考虑以下一些做法。

一、让员工广泛参与战略规划

人们只有参与了某项活动,并为之付出辛勤劳动,才能深入理解某项活动,才会在行动中自觉拥护和贯彻活动精神。要使广大员工普遍理解、支持和自觉贯彻企业的战略,就最好让大家共同参与规划这项战略。这样,企业的员工才能充分认识该战略的重要意义和合理性,并在行动中自觉贯彻落实。

二、让员工深入研究战略理念

战略理念往往涉及全局和长程因素,这些因素都很难准确把握,因此对它们的认识很容易出现分歧,最后导致战略执行经常出现问题。正如前文所述,战略关系到组织的生死存亡,战略上的分歧往往会导致组织内部关系高度紧张甚至导致组织分裂。让员工广泛讨论是避免出现这种分歧的最好办法。因为广大员工深入研究、广泛讨论的过程,就是员工自我说服的过程,也是战略理念最好的宣传普及过程,是战略理念深入人心的最佳途径。当然,在员工广泛讨论的过程中,也可能出现一些矛盾和问题,但这些问题都只是暂时的,解决办法是加大讨论的深度和拓展讨论的广度,通过更进一步的讨论引导形成共识。

三、明确企业战略与个人发展的连接

企业战略要得到广大员工的支持,真正把大家的积极性和

主动性调动起来，还需要明确战略与个人发展的关系，让每一个人都清楚地看到在新的战略下，自身面临的发展机遇。只有看到自身的发展机遇，才可能全身心投入战略执行。成全个人发展才能成就组织，如果组织的战略只是一味强调整体发展，没有关涉员工的个人发展和利益，这样的战略往往会遭到员工的消极抵抗，实际上就是一个失败的战略。很多企业往往只关注企业和老板的利益，从企业和老板的角度出发规划发展战略，造成战略执行过程中缺乏员工的支撑，最后战略成了一纸空文。

【案例与思考】

格莱珉：信念的力量

格莱珉银行（Grameen Bank，孟加拉语"乡村"的意思）模式成功改变了孟加拉国劳资对立的市场结构，也成功激励了其他发展中国家，甚至发达国家，这应归功于格莱珉的创始人，2006年诺贝尔和平奖得主——穆罕默德·尤努斯。尤努斯曾坚定地说："有一天，我们的子孙将只会在博物馆里见识到'贫穷'。"

尤努斯敏锐的观察力与菩萨般的慈悲心让他主动走进穷人的世界去了解与抚慰他们，努力改善他们的生活。尤努斯不忍目睹孟加拉国乡村编竹妇女辛苦劳作的微薄收入被高利贷者盘剥。身为经济学教授的他，决定把课堂上的理论运用于反贫困事业中。于是，他组织村内42位编竹妇女，并借钱给她们。

结果是，少了高利贷的剥削，这42个人都还了钱，她们的生活大幅改善了。于是，尤努斯便创建了"格莱珉"乡村银行，帮助穷困的民众提升生活水平。秉着"银行应该走向人民，而不是人民走向银行"的原则，格莱珉银行破除商业银行的模式，"一般银行是你越有钱，就可贷到越多钱，因此他们根本不会贷款给贫穷人。"

尤努斯在1977年成立借贷小组，采用"团结组"形式，由小组成员联合担任还款保证人，并互相支持彼此的经济状况。摒除传统银行的模式，格莱珉采用无抵押式贷款，从不雇用任何律师或使用任何法律文件，借款者只需解释贷款用途和规划，银行便立即放款。出乎预料的是，那些不靠抵押品贷款的人，偿债表现比以大笔资产抵押的借户更好。尤努斯说："我们贷出去的款项偿还率超过98%，穷人知道这是他们破除贫穷锁链唯一的机会，没有任何退路，搞砸这唯一的贷款机会，便没有其他的生存办法，因此他们都是自觉到期还款。"

尤努斯曾在书中透露，创办银行要解决许多与政府和制度相关的问题。曾经一度，尤努斯想放弃格莱珉银行执行行长的职位，自组政党参与政治，但他很快放弃了这个想法，只因他觉得自己跟政治人物是不一样的。"政治人物做事情需要得到别人的支持，有时还会因形势所迫做一些心口不一的事情。但我有坚定的信念，只按自己的想法做事。"

不少国家的政府或非营利组织为了帮助弱势群体常会提供职业训练机会，尤努斯认为这并不是长久之道。"穷人之所以穷，不是因为没受过训练或不识字，而是因为留不住出卖劳动力的报酬，或没有机会给他们拥有资本。"因此，与其强迫职训，不如给予资本。尤努斯认为，帮助弱势群体的经济模式，应构建在尊重、信任、交易、利益之上，而不是构建在怜悯、同情、施舍、赠予之上，应该让弱势群体马上应用已熟悉的技术，赚取现金，让弱势群体展现其才能，探索其潜能。

尤努斯的理念也展现了"吸引力法则"，许多企业探讨与他合作的可能，无形中为全球贫民带来更多福利。尤努斯多年来为弱势群体的付出,感动世界!

思考:

1. 在我们的潜意识中,贫穷的地方会相对不稳定,"格莱珉"却做出了相反的案例,我们该如何看待?

2. 王阳明说的"志不立,天下无可成之事",看完"格莱珉"案例后,我们该如何立志?

第三章
向王阳明学品牌管理

【 提　要 】

通过对本章的阅读，读者可从王阳明的典故中学习借鉴品牌建设与管理的方法。

● 通过故事加强品牌传播

● 通过概念塑造品牌价值

● 品牌的超级名称与传播语

● 通过口碑增长品牌粉丝

第一节　通过故事加强品牌传播

通过本小节，我们向王阳明学习通过讲故事的方式提升品牌的传播度。

【阳明先生语】

是为九月三十日。太夫人妊娠十四月。祖母岑梦神人衣绯玉云中鼓吹，送儿授岑。岑惊寤，已闻啼声。祖竹轩公异之，即以云名。乡人传其梦，指所生楼曰"瑞云楼"。……先生至钱塘，瑾遣人随侦。先生度不免，乃讬言投江以脱之。因附商船游舟山，偶遇飓风大作，一日夜至闽界。比登岸，奔山径数十里，夜扣一寺求宿，僧故不纳。越野庙，倚香案卧，盖虎穴也。夜半，虎绕廊大吼，不敢入。黎明，僧意必毙于虎，将收其囊，见先生方熟睡，呼始醒，惊曰："公非常人也！不然，得无恙乎？"

通过故事传播品牌

从明朝至今，几百年来人们口口相传、津津乐道有关王阳明的种种神奇故事，这些故事是人们的谈资，也正是这些故事，让王阳明的心学更加充满了神秘色彩，更加彰显了阳明心学的"品牌"知名度和美誉度。

乘云降生的故事。

圣贤的诞生往往伴有神奇的传说。相传郑氏妊娠十四个月才生下王阳明。一天夜里，王阳明的祖母岑氏做了一个奇怪的梦，梦见天上阳光明艳，祥云缭绕，诸多神仙身着绯红色的衣服，击鼓吹箫，乐声悠扬，其中一位仙人抱着一个婴儿，脚踩瑞云，自空中缓缓而降，径直朝着王家宅邸而来，将婴儿送入岑氏怀中，这个婴儿就是王阳明。

讲故事摆脱追杀。

王阳明摆脱了刺客的追杀，乘小船七天抵达舟山岛。王阳明换船前行，可事不凑巧，遇上暴风，漂了一昼夜，最终抵达了一块陆地。上岸一问，才知道是福建北部。后来，王阳明被巡航的兵船发现，士兵觉得他形迹可疑，于是逮捕了他。王阳明表明自己的身份，道出实情："我乃兵部主事王守仁也。因得罪朝廷受廷杖，贬为贵州龙场驿驿丞。自念罪重，欲自引决，投身于钱塘江中。遇一异物，鱼头人身，自称巡江使者，言奉龙王之命前来相迎。我随至龙宫，龙王降阶迎接，言我异日前程尚远，命不当死，以酒食相待，即遣前使者送我出江。仓促之间乘一舟至此，我登岸，舟亦不见矣。不知此处离钱塘有多少程途？我自江中至此，才一日夜耳。"士兵听罢，颇感惊奇，于是拿来好酒好菜款待王阳明，并派人向官署禀报。王阳明知道一旦官署知道了自己的身份，再想逃脱就难了，于是瞅准间隙，偷偷溜走了。

置身虎穴而不伤的故事。

为了躲避追捕，王阳明沿着人迹罕至的山路，狂奔三十余里，来到一座古寺前。当时天已昏黑，王阳明叩响寺门，希望能够借宿一晚，可寺内的僧人却拒绝说："寺有禁约，不留夜客歇宿。寺旁有野庙久废，可歇宿。"没有办法，王阳明只好在野庙中将就一宿。翌日清晨，周围都静悄悄的。寺僧半夜听到老虎咆哮之声，以为夜宿野庙之人肯定已经被老虎吃了，于是就想将王阳明的行囊和财物据为己有。寺僧来到野庙，发现王阳明横躺在地上。寺僧想确认一下王阳明到底死了没有，于是就用棍子敲了敲他的腿。王阳明惊起而坐，反而把寺僧吓了一跳。寺僧大惊说："公非常人也，不然岂有入虎穴而不伤者乎？"

有关王阳明的一生流传着很多神奇故事，这些故事给王阳明这个"超级品牌"涂抹上了神奇的色彩。

王阳明与其传奇故事，能给企业的品牌管理带来什么启示吗？

企业梦寐以求的，不就是自己的品牌能够响彻南北吗？不就是自己的品牌能够百年传承吗？不就是自己的品牌能够熠熠生辉吗？

看起来，王阳明做到了！

在品牌的王国里，我们发现几乎所有的经典品牌都有自己的品牌故事，Dior（迪奥）、Zippo（之宝）、Disney（迪士尼）、Chanel（香奈儿）、Coca-Cola（可口可乐）……正是这些广为流传的品牌故事，让消费者乐意忠诚于相关品牌。所以，一定要学会讲品牌故事！用故事的形式设置一个情境，让消费者进入情境，感受品牌传递的信息和情感，这是故事营销的精髓，这种方式远比生硬地强调产品性能高明得多。

泸州老窖用"老窖池"演绎了一场"国宝窖池"的故事；王老吉诉说着凉茶始祖的故事；雕牌洗衣粉讲述了一个"女工下岗"的故事；海尔表演了一个"砸冰箱"的故事；同仁堂讲述了"少年康熙治病"的故事……这些企业都在用故事演绎自己的品牌。（如表3-1所示）

表3-1　品牌故事举例

所属行业	代表品牌	品牌故事
白酒	泸州老窖	国宝窖池的故事
日用品	雕牌	下岗女工的故事
饮料	王老吉	凉茶历史故事
家电	海尔	砸冰箱事件
医药	同仁堂	少年康熙治病的故事

长久以来，有关Zippo的许多故事一直为人们津津乐道。

1960年，一位渔夫在奥尼达湖中网到一条重达18磅（约8.16千克）的大鱼。清理内脏时，他发现一只闪闪发光的Zippo打火机赫然在鱼腹中。这只Zippo不但看上去依旧崭新，而且一打即燃，完好如初！单凭这一点，就可以知道为什么不必把Zippo小心收藏，而可以把它放在任何伸手可得的地方！

美国军人安东尼在一次战斗中左胸口受到枪击，子弹正中左胸口袋中的Zippo打火机，机身一处被撞凹了，但安东尼的命却保住了。后来，尽管Zippo公司希望安东尼能将那只打火机送修，但安东尼却视它为自己的救命恩人，不仅慎重收藏，更希望永久保存它那受伤的机体。

动人的品牌故事是无法轻易被模仿的，是企业很重要的一项品牌资产。

故事的设计要领

品牌专家杜纳·科耐普说："品牌故事赋予品牌以生机，增加了人性化的感觉，也把品牌融入了顾客的生活……"[1] 好的品牌故事是"自带流量"的，总能引起人们的口口相传，达到提升品牌形象、拉近品牌与消费者距离的效果。

一个好的品牌故事能引起消费者的口碑传播，就像一粒石子落入水中激起波浪。那么，何为一个好的品牌故事呢？一要引人注目；二要能够打动人心；三要能够彰显价值。

一、引人注目

一个好的品牌故事应该是能够引起人们兴趣的，每个消费者都有好奇心，关键在于如何激发消费者的好奇心。

第一，设置悬念，营造神秘氛围。

悬念能够吸引人们不断深入探究，并最终引起广泛传播。

---

[1] 杜纳·科耐普.品牌智慧[M].赵中秋，罗臣，译.北京：企业管理出版社，2006：233.

第二，制造矛盾，激发互动。

没有争辩就没有看点。很多时候，设置一个矛盾，就能激发顾客的讨论和互动，使品牌故事不断流传下去。这就要求品牌故事一定要选择具有一定争论性的话题。曾经有人搞了一个比较火爆的话题讨论，这个话题是"婚俗聘礼"。对这个话题仁者见仁智者见智，大家的意见很难统一，因而可实现很好的互动和传播。

第三，趣味十足，促使人们分享和传播。

一个故事之所以能够得到传播，不是因为它传播真理，而是因为它有趣。特别在当今这个网络时代，信息铺天盖地，要想得到人们的关注，趣味性是至关重要的。

二、打动人心

第一，传达价值观。

品牌故事要打动人心就需要传达鲜明的品牌价值观。海尔的"砸冰箱事件"，突出企业的产品质量观，消费者听到故事就能感受到海尔品牌"质量第一"的价值观。

第二，让消费者参与并产生共鸣。

品牌故事要打动人心还需要消费者的参与，让消费者产生共鸣。任何人都不愿意孤立，我们喜欢同一支球队、喜欢同一个明星，便能找到共同话题和情感共鸣。品牌需要提供一种情感、情节、情境，让消费者能够参与进来，让消费者觉得我们是一伙人，比如"果粉""米粉"的概念。再比如，现在的世界似乎越变越小，人们的压力持续上升，逃避高压的生活成为越来越有吸引力的话题。这样的现实背景下，品牌需要直面这一切，让消费者感到情绪上的共振，给予消费者选择另外一种生活方式的理由。我们可以看到现在许多品牌的诉求直指"放纵自己"，这让消费者找到了一种知音感，更重要的是找到了自我释放的理由。

打动人心的故事，都是以追求真善美为主旋律的；品牌故事应该与品牌自身的内涵特点相吻合，生搬硬套往往难以引起情感共鸣；品牌故事是一种中性的陈述，所以它需要不露痕迹娓娓道来。传奇、生动、有趣的品牌故事常常能够让品牌自己说话，把品牌从冰冷的物质世界带到生动的情感领域，使品牌"润物细无声"地悄然滋润消费者心田，从而不知不觉地实现企业传播品牌内涵、文化、价值的目的，最终成功地获得消费者的心。

三、彰显价值

品牌故事是有着完整的叙事结构，植入品牌文化，呈现品牌调性的"信息团"，通过各种风格的表达唤起消费者的共鸣，比单纯的视觉或听觉冲击，能在更深层次上获得消费者的认同。同时，品牌故事必须传达精神、主张和灵魂，才能让品牌深入人心。

品牌的创始人或领导者、用户、代言人，以及产品本身都可以成为故事的主角。我们看到大部分企业是如下这样介绍自己的品牌的。

×年×月×日，×××董事长下海创业……

×年×月×日，公司取得了××的销售业绩，实现了××目标，开设了××家分公司，扩大到××人员的规模……

×年×月×日，公司开始创办自己的产品品牌……

如此记"流水账"的方式，毫无价值主张的陈述，只能算是品牌历史，不能算是品牌故事。一个合格的品牌故事必须讲述让消费者兴奋的东西，这种兴奋就来自品牌的精神、主张和灵魂。

比如同仁堂名字来历的故事。

每一个中华老字号都是一个品牌奇迹，同仁堂有三百多年的历史，最让人们津津乐道的还是那些动人故事。少年康熙曾得过一场怪病，全身红疹，奇痒无比，宫中御医束手无策，康熙心情抑郁，微服出宫散心，信步走进一家小药铺，药铺郎中只开了便宜的大黄，嘱咐泡水沐浴，康熙按照嘱咐，如法沐浴，迅速好转，不过三日便痊愈了。为了感谢郎中，康熙写下"同修仁德，济世养生"，并送给他一座大药堂，起名"同仁堂"。

这个故事表现出同仁堂药材的神奇功效，也介绍了同仁堂"同修仁德，济世养生"的价值主张，这不是记录品牌诞生的"流水账"，而是用"神奇"的故事来打动消费者。这当然是个故事而绝非事实，但它确实传达出品牌功能和品牌价值观，因而被口口相传。

品牌故事的类型

品牌故事可以展示一个企业的发展过程，可以让一个企业得到更好的发展，可以对企业的营销发挥正面积极的作用。很多企业从不为人知到广为熟知的过程都得益于品牌故事。如果一个企业有个很好的品牌故事，那么它的品牌形象肯定不会太差。就企业来说，它的历史，它的文化，都可以由品牌故事强化传播，那么品牌故事都有哪些类型呢？总结起来有表3-2所示四种常见类型。

表3-2 品牌故事的四种常见类型

类型	内容	代表案例
历史典故	挖掘历史典故，与产品和品牌结合，打造提升品牌文化底蕴的品牌故事	泸州老窖 同仁堂
公关事件	将品牌发展历程中发生的有利于企业的公关事件作为品牌故事	海尔
影视动画	将影视动画讲述的故事，作为品牌故事进行传播	迪士尼
创业故事	将企业创始人的创业故事作为品牌故事进行传播	大疆

一、历史典故

中华文明上下五千年的历史典故给了很多企业讲述自己企业故事的灵感。挖掘历史典故，并将历史典故与企业产品相结合打造品牌故事并传播，能够给品牌增添历史厚重感，提升品牌的文化底蕴，从而实现品牌溢价。

南阳玉器的品牌故事。

南阳，早在五千多年前的新石器时代就有先民定居在这里。周代，南阳已成为申伯国的都城。春秋战国时期，这里是著名的冶铁中心。西汉时，这里成为全国六大城市之一。到东汉，因刘秀的帝业起于此，故南阳被称为陪都，号称南都。此后历代南阳皆为郡、州、府治所。当世人发现玉这种美丽的石头可作饰物、日用品和礼器之后，南阳人便开始了对玉石的寻找和对玉器的雕琢。

南阳人对玉石的寻找，传说完成于一个午后。那个午后，一队寻玉人走到了南阳城北的独山脚下，在一次次失败之后，他们一个个又渴又累，沮丧至极，一屁股坐在了几棵古树下，都说再也不寻玉了，说南阳可能根本就无玉。就在此时，忽见不远处出现一头浑身发着翠色光晕的牛，众人觉得新奇。待起身走近看，那牛扭头就向山坡上的一处石壁走，头一低便一下钻进了石壁。众人惊住，待凝目细看，发现牛钻进石壁的地方散落着许多精美的玉块，有白玉、绿玉、黄玉、紫玉、红玉和黑玉，众人大喜，原来那牛是一只玉牛，是引领众人来发现这玉矿的……自此，南阳人开始在独山采玉，并将这种洁净度和硬度很高的玉石，命名为独山玉。

二、公关事件

公关事件发生在企业的发展历程当中，对企业品牌形象有利的公关事件，企业可以将之持续放大作为品牌故事进行传播。将公关事件作为品牌故事的优势在于公关事件能够让消费者感觉比较真实，更加贴近生活。

海尔"砸冰箱"事件。

1985年，一位用户向海尔反映电冰箱有质量问题。于是时任厂长的张瑞敏突击检查仓库，发现仓库中不合格的冰箱还有76台。研究处理办法时，干部提出将这些冰箱作为福利处理给本厂的员工。张瑞敏却做出了"有悖常理"的决定：开一个全体员工现场会，把76台冰箱当众砸掉！而且由生产这些冰箱的员工亲自来砸！听闻此言，许多老工人当场就流泪了……要知道，那时候别说"毁"东西，企业发工资都十分困难。况且，在那个物资还紧缺的年代，别说正品，就是次品也要凭票购买的。如此"糟践"，大家"心疼"啊！当时，甚至海尔的上级主管部门都难以接受。

但张瑞敏明白：如果放行这些产品，就谈不上质量意识。不能有任何姑息，否则今天是76台不合格，明天就可能是760台、7600台，所以必须要有震撼人心的做法。

因而，张瑞敏选择不变初衷。结果，就是一柄大锤，阵阵巨响，真正砸醒了海尔人的质量意识。从此，在家电行业，海尔砸毁76台不合格冰箱的故事就传开了。

三、影视动画

将著名影视动画里的故事作为品牌故事进行传播，将影视动画里的人物、造型、故事等移植到现实生活当中，这种方式的优点在于大部分消费者在心智模式中已经认可了电影动画的内容，企业传播时相对省时省力。

迪士尼的"米奇"老鼠的故事。

米老鼠诞生之前，迪士尼曾经创作过一只叫奥爱瓦尔特的长耳朵卡通兔，很受欢迎。1928年，米老鼠诞生的这一年，设计师讨论如何创作一个更可爱的卡通形象。他们把奥爱瓦尔特画在纸上，然后开始修改：先把尾巴变短、变圆，再修改……一只可爱的老鼠就跃然纸上了！这只小老鼠还得到了一个响亮的名字"Mickey Mouse"（米奇老鼠）。这就是米老鼠的诞生过程。

有人不知道迪士尼公司是一家什么样的公司，但很少人不认识那只名叫"米奇"的可爱老鼠。

四、创业故事

很多时候，将企业创始人比较传奇的创业经历作为品牌故事来传播，是非常感人的。创始人故事的看点在于创始人坚持的理念，创始人传奇的创业经历，等等。

第二节　通过概念塑造品牌价值

通过本小节，我们向王阳明学习如何通过概念塑造和提升品牌价值。

【阳明先生语】

近来信得"致良知"三字，真圣门正法眼藏。往日尚疑未尽，今日多事以来，只此良知，无不具足。譬之操舟得舵，平澜浅濑，无不如意，虽遇颠风逆浪，舵柄在手，可免沉溺之患矣。……某于此良知之说，从百死千难中得来，不得已与人一口说尽，只恐学者得之，容易把作一种光景玩弄，不实落用功，负此知耳。

从塑造价值开始

没有价值的品牌是不长久的，只能是一时的噱头和炒作。王阳明心学能够历经数百年而熠熠生辉，门生、信众、粉丝无数,核心在于其"圣门正法"的价值主张。王阳明曾说他自经朱宸濠、忠、泰之变,益信良知真足以忘患难,出生死,乃留书邹守益,说:"近来信得'致良知'三字,真圣门正法眼藏。往日尚疑未尽,今日多事以来,只此良知,无不具足。譬之操舟得舵,平澜浅濑,无不如意,虽遇颠风逆浪,舵柄在手,可免沉溺之患矣。"王阳明又说:"某于此良知之说,从百死千难中得来,不得已与人一口说尽,只恐学者得之,容易把作一种光景玩弄,不实落用功,负此知耳。"

这些都是在阐述王阳明心学的价值。一是表明"致良知"是"真圣门正法眼藏",人们修习它,虽遇到困难,也能顺利过关。二是说王学思想是从"百死千难中得来"的,人们不要忽视其价值。"真圣门正法"是价值定位,王阳明提倡圣人之学,佛老避世修行,圣人则置身红尘炼心。"百死千难中得来"是价值烘托,如果不是百死千难中实践出来的真知,又怎会弥足珍贵。价值定位和价值烘托对品牌营销管理来说是非常重要的。

"洞庭虫草"体现产品价值。

八百里洞庭湖浩浩荡荡,芦苇青青,芦苇嫩芽在洞庭湖区俗称"芦笋",每到春季发芽,人们纷纷采摘,或作新鲜蔬菜,或腌制贮藏,常见于当地及周边地区人家的餐桌上。芦苇嫩芽富含多种人体所需氨基酸,有丰富的膳食纤维和多种微量元素,兼具很高的食用和药用价值。《中华医典》记载,芦笋内含芦丁、维生素C,能降低血压,软化血管,减少胆固醇吸收，可作高血压、冠心病人食疗之用。《本草纲目》记载，芦笋性微温，具有润肺镇咳、祛痰治虫，解渴利便等功效。芦根还是预防脑炎的良药。

但就是这么好的一样东西，由于缺乏对其价值的认知，销售价格非常低，因而人们种植和采摘的积极性也很低。后来策划者给洞庭湖的芦笋取了个别名——洞庭虫草，几年内价格大涨，农民收入提升，开始乐于种植了。

客户价值主张是企业基于对消费者的深刻理解做出的关于消费者真实需求的充分描述，具体表现为消费者对消费品（产品、服务）的质量、功能、价格和体验等的期待和评价。对企业来说，客户价值主张是一种针对竞争对手的战略选择。管理大师德鲁克说过，所有企业都要问自己这样的问题：你的客户是谁？客户需要什么样的价值？

那么，应该如何明确客户的价值主张呢？

一、罗列全部优点

当需要明确客户价值主张时，我们需要将自己认为产品可能给目标客户带来的种种益处全部罗列出来，多多益善。

二、宣传有利异点

"异点"这种类型的价值主张明确承认客户可以有其他选择，因而重点宣传对自己有利的差异点。比如王阳明阐述圣学与佛老的区别，后又阐述王学与程朱理学的区别，这就是宣传有利差异点的方法。我们必须突出自己与竞争对手的不同之处，这要求我们对次优替代品了如指掌。产品或服务可能存在多个差异点,如果对客户需求和偏好缺乏深入了解,我们会错将工作重点放在那些对目标客户价值较低的差异点上。

三、突出共鸣点

想要提供与客户产生共鸣的客户价值主张,我们必须抓住目标客户最看重的几个要素展示自己产品的优势,向客户证明这种卓越产品性能的价值。这种价值主张与宣传有利差异点有两大不同之处:一是不主张多多益善,只在客户最看重的因素上竞争;二是这种价值主张可能会包含一个相似点。

创造一个新概念

对于心学,王阳明提出了"心即理""知行合一""致良知"等一系列概念。在品牌营销的王国里,概念对价值塑造能够发挥十分重要的作用。当品牌的演进和品牌价值主张的强化与消费者不断变化的生活方式需求相一致时品牌形象的力量是最大的。简单来说,消费者没有时间去弄明白品牌想要解决些什么问题,消费者希望品牌能鲜明地提出自己的概念,对洗发水来说,是"去屑"还是"柔顺";对牙膏来说,是"防蛀"还是"洁白",等等,消费者希望直接获得答案。

在营销管理学中,有一个形象比喻:消费者需要的是"洞",而不是钻头。这句话就像"警世名言"一样在随时"敲打"着企业经营者的脑袋。因为企业习惯于生产钻头,并且想尽办法把钻头推销给顾客,而逐渐忘记了自己生产钻头的目的。其实，顾客需要的是"洞"，而不是钻头。钻头只是帮助顾客实现需求的工具和手段，没有"洞"的需求，顾客根本不需要钻头。当竞争对手创造出更具优势的产品或者方案来满足消费者"洞"的需求的时候，顾客就会抛弃你的钻头。

只有反复了解消费者，才能使企业不被消费者抛弃。对一家洗发水生产厂商来说，顾客是需要企业的洗发水吗？显然不是，洗发水只是满足顾客需求的方案和手段，顾客真正需要的是和朋友约会的时候形象良好，没有头屑，头发更加柔顺、更加有光泽。企业可以开发"去屑"洗发水，也可以开发使头发更柔顺的护发素和使头发更有光泽的发蜡，洗发水、护发素和发蜡等产品都是满足年轻消费群体约会时拥有良好形象的需求的解决方案。"去屑""柔顺"和"光泽"则是消费需求的概念，即给消费者一个购买的理由。一个品牌的成功，首先应该致力于对消费需求概念的探索。

"婷美内衣"提出修身的概念，使婷美内衣品牌迅速被消费者认知。"碧生源"提出"纤体"的功能概念，获得了女性消费者的青睐。"舒肤佳"提出"除菌"的概念，获得了广大家庭的认同，等等（如表3-3所示）。这些品牌的成功都有一个共同的特征，就是找到了顾客的购买理由，并作为一个价值主张提了出来。概念的创新其实是在解决客户价值主张问题，即客户为什么要购买，或者客户为什么要花费更高的价格来购买。

表3-3 概念创新的品牌案例

所属行业	诉求/表现	代表品牌	创新概念
内衣	美体修形	婷美	修身
饮料	有能量，拼精彩	红牛	补充能量
手机	智能手机	苹果	智能
茶叶	不要太瘦	碧生源	纤体
日用品	360°呵护孩子健康	舒肤佳	除菌

概念支撑了产品的价格，支撑了品牌的价值。据说，每滴"依云矿泉水"都来自阿尔卑斯山头的千年积雪，经过15年缓慢渗透，由天然过滤和冰川砂层矿化最终形成。大自然赋予的不可复制的属性，加之成功治愈患病侯爵的传奇故事，让"依云矿泉水"成为"纯净""生命"和"典雅"的象征，得以以10倍于普通瓶装水的奢侈价格销售。"哈根达斯"宣传自己的冰激凌选取来自世界各地的顶级原料制作而成，来自马达加斯加的香草代表无尽的思念和爱慕，比利时纯正香浓的巧克力象征热恋中的甜蜜和力量，波兰的草莓代表嫉妒与考验，巴西的咖啡是幽默与宠爱的化身，而且这些都是100%的天然原料。"爱我，就请我吃哈根达斯"，1996年进入中国市场，哈根达斯的这句广告语席卷各大城市，一时之间，哈根达斯成了时尚食品的一个代表。实际上，哈根达斯的价格实在太高，一小杯也要30多元。

概念的创新需要满足消费者需求。"去屑""纤体""除菌"这些概念都是基于消费者需求提出来的，只有满足消费者需求的概念才能爆发巨大的力量，没有消费需求为基础的概念创新，只能成为空中楼阁。盲目的创新只会跌得很惨，没有考虑清楚就盲目追求时尚、前卫的创新，只能"赔了夫人又折兵"。同时，具备可持续生命力的品牌，不能只有创意概念，而应表里如一。长远看来，如果企业的行动跟不上企业的营销概念，消费者最终也会回归理性，抛弃企业的品牌。

新概念的诞生

好的价值概念是基于消费需求提出的，我们可以通过2W+1H模型来开发概念。在2W+1H模型当中，Who、What、How代表三个问题：Who —— 顾客是谁？What —— 顾客需要什么？How —— 如何满足顾客的需求？（如图3-1所示）。

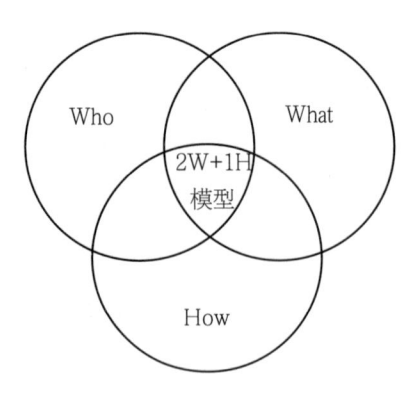

图3-1　2W+1H 概念开发模型

一、Who —— 顾客是谁

通过对顾客人群细分找到自己的顾客群体，比如按年龄分为婴儿、儿童、青年人、中年人、老年人等；按职业分为公务员、商人、教师、自由职业者、技术工人等；按学历分为小学、中学、大学、研究生等。将人群细分后，可以定向观察细分人群的需求。

二、What —— 顾客需要什么

细分人群的需求是什么呢？比如，青年人需要洗发水吗？不，洗发水不是他们的需求，他们需要的是"没有头屑"，需要"给别人好形象"，洗发水只是实现满足需求的手段。

消费需求来自顾客内心的不安。因为害怕，怕肥胖、怕肤黑、怕生病、怕没面子，因此他们会购买减肥产品、购买美白霜、购买保健品、购买奢侈品，了解这些不安就是了解客户的需求。

三、How —— 如何满足顾客的需求

挖掘出细分消费群体的需求之后，就要寻找一套满足消费需求的方案。比如对妈妈担心孩子在外玩耍接触过多细菌，舒肤佳香皂提出"除菌"概念，就是解决客户需求的方案。

概念的产生是理性分析和感性创意的结果，一个成功概念的提出，不仅需要基于消费者需求的理性分析，还需要一些新颖的创意。如果"一个好睡眠"是基于消费需求分析的结果，那么"席梦思"就是创意的结果。基于消费需求的理性分析是必不可少的，因为它是一个品牌成功的前提。只有暗合消费需

求，摸准消费趋势的脉搏，品牌才能彰显巨大的能量。仅有理性分析是不够的，必须加上创意才能让它瞬间鲜活起来。

基于消费者需求的理性分析，可以用2W+1H模型完成，那么"创意"如何生成呢？

一、加减

通过"加法思维"进行概念创新，就是在原有概念基础上再增添一个元素，"减法思维"则是在原有概念基础上减去一个元素。比如，丰谷酒业的"低醉酒度"概念，因为大家都误以为是"低度酒"，所以采用减法思维，将"酒度"去掉变成"低醉"，但是只要有"低"字，消费者还是会误解，于是采用加法思维，直接把度数标上去变成"52°低醉"的概念。（如图3-2所示）

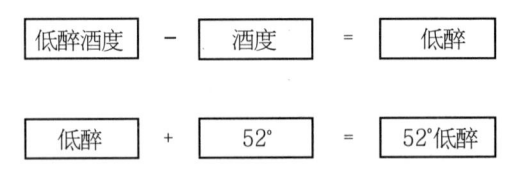

| 低醉酒度 | − | 酒度 | = | 低醉 |
| 低醉 | + | 52° | = | 52°低醉 |

图3-2 创意生成加减法

二、杂交

杂交的方法是将两组完全不同的概念基因进行配对，产生新的概念。比如"维生素药片"是药店里面销售的药品，用于补充维生素，"牛奶糖果"是超市里面销售的零食。其实，很多人不喜欢吃药补充维生素，那么有没有可能像吃糖一样补充维生素呢？于是，通过将"维生素药片"与"牛奶糖果"杂交，将"维生素药片"里的"维生素"基因与"牛奶糖果"里面的"糖果"基因配对，"维生素糖果"就诞生了。（如图3-3所示）

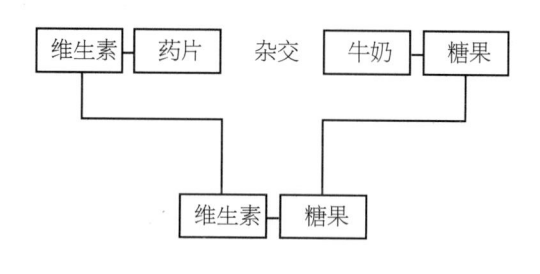

图3-3 创意生成杂交法

三、复制

复制指将其他领域里的概念复制到自己的领域内进行创新。比如"智能"一词一直用在手机领域——智能手机，汽车领域不断通过技术创新开发新产品，便提出"智能汽车"的概念，从而将手机领域的概念复制了过来。（如图3-4所示）

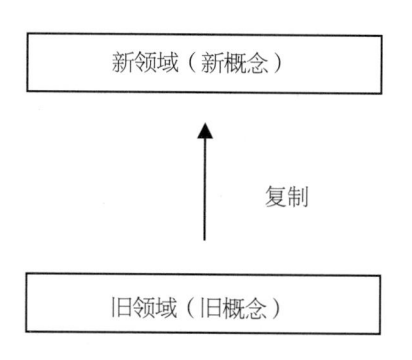

图3-4 创意生成复制法

四、升级

升级就是在原有概念基础上通过技术或工艺手段进行升级和进化。比如在"钢刀"的基础概念上，通过升级可以得到"不锈钢刀"的概念。

第三节　通过超级名称与传播语加强品牌宣传

通过本小节，我们向学习王阳明如何通过超级名称和传播语宣传品牌。

【阳明先生语】

丁亥年九月，先生起复征思田，将命行时，德洪与汝中论学。汝中举先生教言："无善无恶是心之体，有善有恶是意之动，知善知恶是良知，为善去恶是格物。"德洪曰："此意如何？"汝中曰："此恐未是究竟话头。若说心体是无善、无恶，意亦是无善、无恶的意，知亦是无善、无恶的知，物亦是无善、无恶的物矣。若说意有善、恶，毕竟心体还有善、恶在。"德洪曰："心体是'天命之性'，原是无善、无恶的；但人有习心，意念上见有善恶在，格、致、诚、正、修，此正是复那性体功夫，若原无善恶，功夫亦不消说矣。"是夕侍坐天泉桥，各举请正。先生曰："我今将行，正要你们来讲破此意。二君之见，正好相资为用，不可各执一边。我这里接人，原有此二种。利根之人，直从本原上悟入，人心本体原是明莹无滞的，原是个未发之中；利根之人一悟本体即是功夫，人己内外一齐俱透了。其次不免有习心在，本体受蔽，故且教在意念上实落为善、去恶,功夫熟后,渣滓去得尽时,本体亦明尽了。汝中之见,是我这里接利根人的;德洪之见,是我这里为其次立法的。二君相取为用,则中人上下皆可引入于道;若各执一边,跟前便有失人,便于道体各有未尽。"既而曰:"……只依我这话头随人指点,自没病痛,此原是彻上彻下功夫。利根之人,世亦难遇;本体功夫一悟尽透,此颜子、明道所不敢承当,岂可轻易望人。人有习心,不教他在良知上实用为善、去恶功夫,只去悬空想个本体,一切事为俱不着实,不过养成一个虚寂;此个病痛不是小小,不可不早说破。"是日德洪、汝中俱有省。

给受众好记的名称和广告语

谈到王阳明,大家马上会想到他的"知行合一",倘若王阳明的思想是长篇大论而没有一个好记的名词,大家能够记住吗?"无善无恶心之体,有善有恶意之动,知善知恶是良知,为善去恶是格物",王阳明对其心学思想的总结是对仗通顺,容易记忆的,这是对传播很重要的一点。品牌传播首先要给受众一个好记的品牌,好记的品牌包括一个好记的名字和一句好记的广告语。三流名字图上口,二流名字图寓意,一流名字才具有价值和功效。好名字第一个层次是朗朗上口,好记忆;第二个层次是能让受众从字面看到背后的意义;第三个层次是

能从字词上展示价值和功效。三个层次呈现递进关系，一般来说，越往上一层，品牌名称所能获得的效果就越佳。（如图3-5所示）

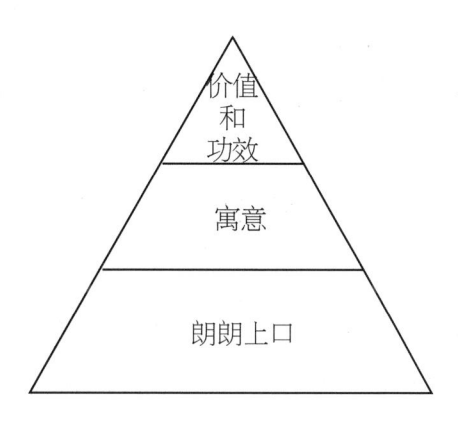

图3-5　好名字的三个层次

一、第一层——朗朗上口

品牌名字如果不好说、不好念、拗口，就难以被消费者记住，更难以进入消费者的心智，信息传递就会出现断层，反之，悦耳、朗朗上口的名字就很容易被记住。品牌要取一个言简意赅、一目了然，意味又很浓的名字，如"乖乖""椰风"都是典型的范例。新潮、上口的命名，可以为企业省下大量广告费用。

二、第二层——寓意

给品牌取一个富有寓意的名字，会使品牌更有生命力，使品牌更有灵魂和张力。

三、第三层——价值和功效

仅靠朗朗上口、寓意好还是不够，通过名字就能让消费者知道产品能干什么，好在哪里，才能脱颖而出。品牌名称的第三个层次就是要能展示"价值和功效"。"舒化奶"与"健康奶"，哪一个更让消费者快速把握产品功能呢？当然是"舒化奶"；"谷维多稻米油"与"营养稻米油"，哪一个更让消费者觉得产品价值更高呢？当然是"谷维多稻米油"。

品牌名称类型

中国有句古话"赐子千金，不如赐子好名"，在商业世界里，名称对品牌也是十分重要的。复杂的主题难以给消费者留下深刻的印象。在铺天盖地的广告里，人们只能记住简单又有趣的信息。从一个品牌建设的第一刻开始，我们就必须努力创造最美好的品牌名称，从第一刻开始，我们就必须努力创造最能帮助品牌创造价值的品牌名称。表3-4所示为品牌名称类型。

表3-4　品牌名称类型

分类	举例
数字	1：一榨鲜；2：二锅头；3：三只耳；4：四季民福；5：5100冰川矿泉水；6：金六福；7：七天连锁；8：速8酒店；9：九朵玫瑰；18：十八酒坊；100：百岁山；1000：千叶珠宝；10000：万家乐
字母	3M；C&A；H&M；ABC；TCL
字形	人在"囧"途；移动4G"和"

续表

分类	举例
颜色	蓝色妖姬；蓝色火焰；红色经典；红花郎；黑莓手机；江小白；脑白金；满城尽带黄金甲
食物	豆瓣（网站）；桔子（酒店）；苹果（手机）
动物	大红鹰；报喜鸟；大白兔；大嘴猴；唐老鸭；米老鼠；贝贝熊；咖啡猫；猫人（内衣）
成语	随心所浴（热水器）；骑乐无穷（摩托车）；衣衣不舍（服装）；天长地酒（白酒）；百衣百顺（电熨斗）；默默无蚊（杀蚊剂）
称呼和人名	姐妹生活馆；帅哥烧饼；兄弟烧烤；太太口服液；老干妈油辣椒；田老师红烧肉；张小泉剪刀
地名	青岛啤酒；七彩云南；南昌8度
经典	左岸咖啡；衫国演义；青花瓷；笑傲江湖；龙门客栈

经典广告语的九个类型

一个品牌的崛起，往往得益于一个能够被广泛传播的广告语，主要有以下几种类型。

一、陈述优点型

直接将品牌或产品的优点陈述出来。

雀巢咖啡"味道好极了"的广告语，简单又意味深远，朗朗上口，发自内心的感受脱口而出，正是其经典所在。大众甲壳虫汽车提出"想想还是小的好"的广告语，20世纪60年代的美国汽车市场是大型车的天下，大众甲壳虫进入美国市场时根本就没有吸引力，伯恩巴克提出"think small"的主张，运用广告的力量，改变了美国消费者的观念，使其认识到小型车的优点。康师傅提出"好吃看得见"的广告语，一款普通的方便面，能够让美味看得见，的确不容易。

二、对仗大气型

通过朗朗上口的对仗口号来传播品牌。

比如七彩云南的广告语"名门普洱，七彩云南"；衡水老白干的广告语"衡水老白干，喝出男人味"；公牛插座的广告语"三重防护甲，安全加加加"，对仗型广告语能体现企业的大气，宣传品牌的正面形象。

三、联想内涵型

不直接表达，而通过广告语让消费者产生联想。

白酒品牌"稻花香"本身是一个乡土气息很浓的品牌，如何满足消费升级下的客户需求是企业面对的重要课题。经过专业人士策划，稻花香提出"人生丰收时刻"的口号，形成品牌名与事业丰收的关联。

四、名言警句型

借用名言警句，采用排比的修辞手法，形成气势。

洋河蓝色经典"世界上最宽广的是海，比海更高远的是天空，比天空更博大的是男人的情怀"广告语是对雨果名句的改编。丰田也根据名句改编，提出"车到山前必有路，有路必有丰田车"的广告语。

五、拟人比喻型

通过比喻使品牌显得更加生动。

农夫山泉提出"我们不生产水，我们只是大自然的搬运工"，以比喻的方式让广告语更生动。

六、反向刺激型

通过反向刺激推动消费者购买。

劲酒提出"劲酒虽好，可不要贪杯"广告语；碧生源提出"不要太瘦"广告语，都是采用反向刺激推动消费者购买的方式来传播自己的品牌。

七、童谣歌曲型

将自己的品牌名和广告语植入大家耳熟能详的童谣歌曲的调子中。

电视广告中曾有一个小女孩唱着"小燕子，穿花衣，开开心心乐百氏……"，乐百氏成功将品牌广告语植入童谣歌曲中。

八、"滥用"成语型

将品牌名称植入成语中。

比如将"哑口无言"变成"牙口无炎"，就是一个很好的牙膏品牌广告语；将"百依百顺"变成"百衣百顺"，就是一个很好的洗衣粉品牌广告语。蓝梦床垫借鉴成语，提出"软硬兼施，外柔内钢"的广告语；达克眼罩借鉴成语，提出"一明惊人"的广告语；箭牌口香糖借鉴成语提出"一箭钟情"的广告语。

九、日常用语型

将日常用语植入品牌广告语。

化妆品广告语"趁早下'斑',请勿'痘'留",就直接借鉴了生活中的用语。

第四节　通过口碑增长品牌粉丝

通过本小节，我们向王阳明学习如何积累"粉丝口碑"，如何做到口碑相传。

【阳明先生语】

先生于《大学》"格物"诸说，悉以旧本为正，盖先儒所谓误本者也。爱始闻而骇，既而疑，已而殚精竭思。参互错综以质于先生，然后知先生之说，若水之寒，若火之热，断断乎"百世以俟圣人而不惑"者也。先生明睿天授，然和乐坦易，不事边幅。人见其少时豪迈不羁，又尝泛滥于辞章，出入二氏之学。骤闻是说，皆目以为立异好奇，漫不省究。不知先生居夷三载，处困养静，精一之功，固已超入圣域，粹然大中至正之归矣。爱朝夕炙门下，但见先生之道，即之若易而仰之愈高，见之若粗而探之愈精，就之若近而造之愈益无穷：十余年来，竟未能窥其藩篱。世之君子，或与先生仅交一面，或犹未闻其謦欬，或先怀忽易愤激之心，而遽欲于立谈之间，传闻之说，臆断悬度。如之何其可得也！从游之士，闻先生之教，往往得一而遗二，见其牝牡骊黄而弃其所谓千里者。故爱备录平日之所闻，私以示夫同志，相与考正之，庶无负先生之教云。

讲学"圈粉"

有关王阳明讲学的盛况有许多记载。

《传习录》于正德十三年（1518年）问世，王阳明的思想渐渐获得广泛传播，请教者日益增多。此时，王阳明居住在建于射圃的馆舍，但还是显得狭窄，不能容纳广大文友，于是他决定修缮濂溪书院来改善这一情况……嘉靖三年（1524年），王阳明53岁，在故乡越中地方，不断有人慕名来拜王阳明为师，其门人与日增多。当地的郡守南大吉也自称王阳明的学生，还开设了会稽书院，邀请王阳明讲学……于是萧谬、杨汝荣、杨绍芳等从湖广来；杨仕鸣、薛宗铠、黄梦星等从广东来；王艮、孟源、周冲等从直隶来；何秦、黄弘纲等从南赣来；魏良采、刘文敏等从安福来；魏良政、魏良器等从新建来；曾忭从泰和来，众文士齐聚一堂，十分壮观。在会稽书院听讲的时候，众弟子绕成圈围坐在王阳明身边，有三百多人……王阳明抵达南浦，南浦地方的父老军民都夹道欢迎，人群林立，以至于道路一度不能通行。父老左右前后紧跟着王阳明到达官府，顶舆传递入都司。王阳明命父老军民就谒，东入西出，有不舍者，出且复入，自辰至未渐而散开。第二日，王阳明拜谒孔子庙，讲《大学》于明伦堂，诸生群聚，挤得都没有立足之地……

如果放在现今，王阳明真算得上是受万人追捧和爱戴的超级明星。王阳明的学说主要通过讲学传播，通过忠实"粉丝"的口口相传得以发扬光大。听王阳明讲学的人中，很多都成了王阳明心学的忠实"粉丝",成了王阳明心学的弘扬者和传播者,他们对阳明心学的笃信,对恩师的尊重和爱戴至真至诚。

嘉靖二年(1523年),考官出了有关心学的考试题,其实是打算以此排挤王阳明的学说。王阳明的学生徐珊一看见考试题目,就感叹道:"吾恶能昧吾知以侥幸时好耶!"这句话的意思是:"我怎么能昧着良知去做这样的阿谀奉承的题目呢!"他对老师的感情溢于言表,令人感动,徐珊选择不答卷便出了考场。还有冀元亨宁死也要保住师尊名节的记载,可见王学弟子对王阳明心学的笃信和对老师的尊敬。

这些对王阳明心学无比崇拜的门生,在现在可以被称为"粉丝"了。"粉丝"伴随偶像产生,又因互联网的快速发展有了新内涵:今天,即使不追明星名人,只要关注一个微博、一个微信公众号或者一家网店,就成了其"粉丝"。"粉丝"群体的出现不仅是社会现象,更是经济现象。"粉丝经济"泛指架构在"粉丝"和被关注者关系之上的经营性创收行为,是一种通过提升用户黏性并以口碑营销形式获取经济利益与社会效益的商业运作模式。

"粉丝经济"有多火?以天猫粉丝狂欢节为例,从平均购买力来看,粉丝人群比非粉丝人群高出约30%;从品牌线上营销活动的转化率来看,粉丝人群是非粉丝人群的5倍。图3-6所示为传统品牌和互联网品牌与消费者的关系对比。

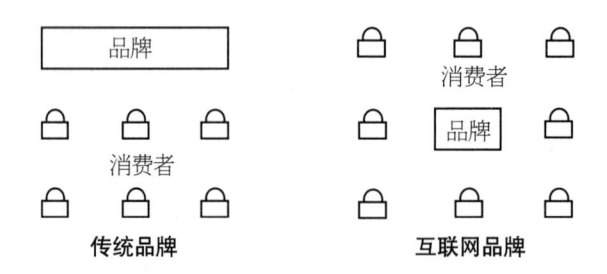

```
    品牌           🛍  🛍  🛍
                      消费者
🛍  🛍  🛍     🛍   品牌   🛍
   消费者
🛍  🛍  🛍     🛍  🛍  🛍
  传统品牌          互联网品牌
```

图3-6　传统品牌与互联网品牌与消费者的关系

互联网形成了一批"砸品牌"大军，令那些高高在上，远离消费者，冷漠的、没有"温度"的品牌岌岌可危。"与粉丝互动"是小米成功的秘诀，小米请"粉丝"参与产品研发、市场运营，这种深度介入，满足了"粉丝"全新的参与式消费需求。传统品牌离消费者很远，互联网品牌则能与"粉丝"互动。面对未来，所有的品牌，无论曾经何等辉煌，都要放低"高昂的头颅"，贴近消费者，了解消费者，与"粉丝"互动，持续为顾客创造价值，只有这样才能避免被"砸品牌"。

"粉丝经济"并不神秘，它能吸引消费者的注意力，将消费者变为忠诚顾客并使之参与到产品或服务的销售、推广过程中。这与传统商业逻辑并不相悖，但移动互联网带来的"吸粉"方式简便、粉丝增长迅速、涉及领域宽泛、推广成本降低等因素是传统商业环境所没有的。

信任红利

王阳明通过讲学来传播自己的心学思想，讲学的传播影响力是由什么因素决定的呢？笔者总结，传播的影响力是由两个因素决定的，可形成公式（如图3-7所示）。

$$影响力 = 内容质量 \times 听讲人次$$

图3-7　讲学的传播影响力公式

传播影响力等于内容质量乘以听讲人次，因此提升传播影响力的途径就有两个，提升讲学的内容质量和提升听讲的人次。听讲人次越多，影响力越大；内容质量越好，影响力自然也越大。

听王阳明讲学的人极多，那么，王阳明讲学的内容质量如何呢？从徐爱的叙述中我们可以知道。

徐爱因旧说被世俗所湮灭，才开始学习王阳明的思想，开始时实在是骇愕不定、无处入心。学习的时间久了，慢慢地开始尝试着自己去实践体悟，然后逐渐笃信王阳明先生的学问是孔门学说的嫡传，点点滴滴都是精华。……其后思之既久，不觉手舞足蹈，其美妙之处只有自己才能体会得到。

这是"粉丝"徐爱对王阳明学说的认识过程和评价。从滁州开始，追随王阳明先生者便很多，每个人都有大的收获。讲学的内容好时，受众的体验感就好；受众的体验感好，就会形成口碑相传效应。大家口口相传，传播的影响力就会进一步提高，于是形成正向循环效应。

社群时代的到来，改变了"信任机制"，加速了"品牌信任"的衰落。在传统时代，消费者是"乌合之众"，没有互联网技术，组织不起来，信息不对称，消费者完全处于弱势。消费者对产品的认知都来自商家的营销，商家说什么，消费者接收什么，所以过去会出现那么多自吹自擂的广告。但是，时代变了，现在是社群时代，环境发生了天翻地覆的变化，手机加上移动互联网，让消费者能够快速连接，形成消费者社群。大家开始相信社群里的口碑和评价，而不再相信商家的营销。所以，商家"自嗨型的广告"不灵了，不能再用传统的营销模式自吹自擂了。人们开始利用信息技术成果进行各种尝试，如网购评价（如图3-8所示）。

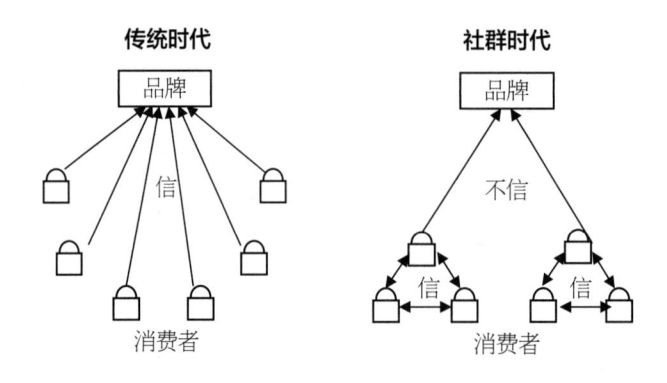

图3-8 传统时代和社群时代的信任机制

要在商业世界中重建信任机制，品牌该怎么做？品牌要学会"粉丝"运营，社群运营。品牌要把自己塑造成用户社群中的一员，与用户交朋友，就像小米一样，不再是死气沉沉的品牌，而要像个活生生的人物，让品牌拥有人格和情怀。

口碑决定生命线

传统时代的商业逻辑是从流量开始的，比如开个店铺要选择一个好"商圈"，位于好地段，目的是获取更大的人流量，然后进行商品展示，进而促进销售。社群时代的商业逻辑是什么？它并不是从流量开始的，而是从口碑和评价开始的。消费的场景变成了，某人在朋友圈看到别人分享在某个餐厅吃了牛排，产生了兴趣，就去了解相关信息，然后连接，进而转化。当消费者看到某件商品，打算购买时，首先不是看商家的营销和推广，而是到网络上搜索评价，看看这件商品的口碑如何。社群时代，消费者与消费者能够快速连接，他们更愿意相信彼此的口碑分享，而不再相信企业和产品的自说自话。所以，社群时代，口碑是一切品牌和产品的生命线，没有口碑的品牌、产品和个人在未来将是很难生存的。（如图3-9所示）

传统商业逻辑：流量 → 展示 → 销售

社群商业逻辑：口碑 → 连接 → 转化

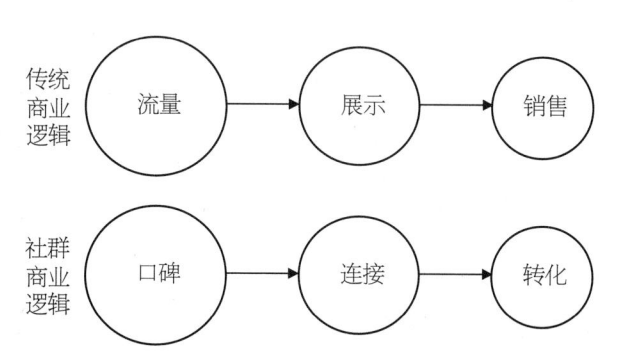

图3-9 传统商业逻辑和社群商业逻辑

"金杯银杯不如老百姓的口碑"，消费行为是一种带有情绪的选择行为，忠实的消费者会对品牌产品的里里外外都很了解，并因而对品牌产生很强的黏性，并且他们会积极地影响周边人的购买决策。忠诚消费者向周边人进行积极的口碑传播是将潜在消费者转化为最终消费者强有力的工具之一。

口碑营销指企业在品牌建立过程中，借助客户间的相互交流将自己的产品信息或品牌传播开来的营销方式。企业想把口碑做到极致、做到完美、做到让顾客主动夸赞，关键是要用长远目光来审视和维护自身与顾客之间的关系，切不可贪图小利，做杀鸡取卵的生意。最重要的财富是顾客，顾客的积极评价是最好的营销！

【案例与思考】

雕牌：如何感动千家万户

纳爱斯是专业从事洗涤和个人护理用品的生产销售，其销售收入从1999年的10亿元，2000年的25亿元，到2001年跃过50亿元大关，实现了三级跳。纳爱斯的成功很大程度上得益于其旗下"雕牌洗衣粉"品牌的成功，而"雕牌洗衣粉"品牌的成功在于它给消费者讲述了一个动人的品牌故事。

1999年，雕牌洗衣粉以一则"妈妈，我能帮你干活了"的"懂事篇"广告打动了广大用户的心，雕牌洗衣粉也因此走进了千家万户，成为全国知名的品牌。

雕牌洗衣粉"妈妈，我能帮你干活了"的广告片中，年轻的妈妈为找工作四处奔波。懂事的小女儿心疼妈妈，帮妈妈洗衣服，天真可爱的童音说出："妈妈说，雕牌洗衣粉只要一点点就能洗好多好多的衣服，可省钱了！"门帘轻动，妈妈无果而回，正想亲吻熟睡中的爱女，看见女儿的留言"妈妈，我能帮你干活了！"妈妈的眼泪不禁滚落眼眶。最后画面出现"只选对的，不买贵的"广告语并配以洗衣粉的包装袋。

这个广告片突破了常规洗衣粉广告只做功能性宣传的做法，出人意料地受到了广大消费者的欢迎。独特的视角，真情的流露，紧跟时代脉搏，让雕牌带着浓浓的亲情走进了千家万户。

总结这个品牌故事的成功之处有以下几点。

第一，找准了社会趋势。人们在现实生活中遇到的困难可引起共鸣。

第二，把握了情感诉求。产品想叩开消费者的心扉，就必须提出自己的价值主张，让消费者在其中找到自己的情感满足点。

第三，符合中国传统文化。中华民族是一个"重亲情""重家庭"的民族，俗话说"百善孝当先"，雕牌这则广告创意正是把企业文化建筑在中华优秀传统文化的基础之上。

雕牌洗衣粉的成功并不是偶然的，情是自古不变的真理，真实自然的情感广告显然更能引起人们的注意，更能打动人心。

思考：

1. 雕牌将"只选对的，不选贵的"这个价值主张融入品牌故事，这个价值主张是否合乎王阳明的"良知"说？

2. 看完雕牌的案例，思考一下品牌故事成功的核心要素是什么。

第四章
向王阳明学人力资源管理

【 提　要 】

希望读者通过对本章的阅读能够从王阳明的身上学习到企业人力资源管理的核心要点。

● 如何选人

● 如何用人

● 如何育人

● 如何留人

第一节 选人

通过本小节的学习，我们将了解王阳明的"选人观"，学习并借鉴王阳明选人的方式方法。

【阳明先生语】

臣愚以为，今之武举仅可以得骑射搏击之士，而不足以收韬略统御之才。今公侯之家虽有教读之设，不过虚应故事，而实无所裨益。诚使公侯之子皆聚之一所，择文武兼具之才，如今之提学之职者一人以教育之，习之以书史骑射，授之以韬略谋猷，又于武学生之内，岁升其超异者于此，使之相与磨砻砥砺，日稽月考，别其才否，比年而校试，三年而选举。至于兵部，自尚书以下，其两侍郎使之每岁更迭巡边，于科道部属之内择其通变特达者二三人以从，因使之得以周知道里之远近，边关之要害，虏情之虚实，事势之缓急，无不深谙熟察于平日；则一旦有急，所以遥度而往莅之者，不虑无其人矣。

——

夫兵贵精不贵多，今速诏诸将，密于万人之内取精健足用者三分之一，而余皆归之京师。万人之声既扬矣，今密归京师，边关固不知也，是万人之威犹在也，而其实又可以省无穷之费。岂不为两便哉？况今官军之出，战则退后，功则争先，亦非边将之所喜。彼之请兵，徒以事之不济，则责有所分焉耳。今诚于边塞之卒，以其所以养京军者而养之，以其所以赏京军者而赏之，旬日之间，数万之众立募于帐下，奚必自京而出哉？

兵贵精不贵多

王阳明的择人观里，有个理念就是"兵贵精不贵多"。王阳明曾平叛赣州盗贼。赣州山高林密，盗贼割据，要调兵遣将实在费事至极。史料记载，赣州地方上书请朝廷派兵支援，从出兵到援军抵达，前前后后没有一年时间是根本不行的。费时间且不说，还要花费令人瞠目结舌的天价军事开支。并且，朝廷的军队到达地方，骄横倨傲，不服管教的情况时有发生。这样算下来，朝廷援军带来的损失几乎要超过收益。

王阳明针对这个情况，再经过仔细考察，就决定在民兵预备役上想办法。他命令所辖四省从民兵预备官中选拔骁勇之士，集中在府州县衙训练。这些勇士称为"乡勇"，意即由民间挑选出来的壮丁组建成的部队。福建和江西两省分别挑选出五六百名乡勇，湖广和广东两省也各有四五百名，十分可观。这些乡勇中才略出众者后来也有人被擢升为军官将领，统率军队。兵士驻扎训练，没有战事的时候戍守城池，有突发情况出现，他们立刻救急，展开机动式迎战。这一策略为王阳明最终剿灭贼寇打下了坚实的基础。

　　从王阳明给朝廷的《陈言边务疏》中"边务八策"中的第三策也可以看到他"兵贵精不贵多"的主张。王阳明说："夫兵贵精不贵多，今速诏诸将，密于万人之内取精健足用者三分之一，而余皆归之京师。万人之声既扬矣，今密归京师，边关固不知也，是万人之威犹在也，而其实又可以省无穷之费。岂不为两便哉？"王阳明建议朝廷精简军队以节省费用。他认为军队数量贵精而不贵多，数量多了不但要耗费大量的军费物资，而且把责任分散了，大家相互推诿，对事情不负责任，"战则退后，功则争先"，反而带来组织效率的降低。他还建议"本地化"招募兵士，如果用"京军"的待遇对待边塞的士兵，短时间内便可招募到数万之众。

　　企业管理当中，经常面临与王阳明同样的命题——人员编制适当性。有时候，可能由于人手太少，很多事情顾不过来，导致计划没法落地或者执行走样；有时候，又可能因为人手太多，组织陷入"内耗"，人员相互推诿，企业的用人成本上升，组织效率却在降低。其实很多时候，企业都失败在了内耗上。王阳明主张"兵贵精而不贵多"，如此，可以将节省的费用用于激赏精兵，从而充分激活组织效率。

　　"苛希纳定律"告诉我们，实际管理人员比最佳人数多时，工作时间不但不会减少，反而会增加，而工作成本就要成倍增加。如果实际管理人员比最佳人数多2倍，工作时间就要多2倍，工作成本就要多4倍；如果实际管理人员比最佳人员多

3倍，工作时间就要多3倍，工作成本就要多6倍。[1]

在管理上，并不是人多就好，有时管理人员越多，工作效率反而越低。只有找到最合适的人数，管理才能获得最好的效果。苟希纳定律是针对管理层人员而言的，也同样适用于企业的一般人员。一个企业，只有每个部门都真正达到最佳人员数量，才能最大限度地减少无用的工作时间，降低工作成本，从而获得企业利益最大化。

沃尔玛前总裁山姆·沃尔顿有句名言："没有人希望裁掉自己的员工，但作为企业高层管理者，需要经常考虑这个问题。否则，就会影响企业的发展前景。"[2]他深知，企业机构庞杂、人员设置不合理等问题会使企业官僚之风盛行，人浮于事，从而导致企业工作效率低下。为了避免这些情况在自己的企业内出现，沃尔顿想方设法用最少的人做最多的事，极力降低成本，追求效益最大化。

从经营自己的第一家零售店开始，沃尔顿就很注重控制公司的管理费用。当时，大多数企业都会花费销售额的5%来维持企业的经营管理。但沃尔玛不这样做，它力图做到用公司销售额的2%来维持公司经营。这种做法贯穿了沃尔玛发展的始终。在沃尔顿的带领下，沃尔玛的员工都起早贪黑地干，工作卖力尽责。结果，沃尔玛的员工比竞争对手少，所做的事却比竞争对手多，企业的生产效率当然就比对手要高。这样，在沃尔玛全体员工的苦干下，公司很快从只拥有一家零售店，发展

---

[1] 吉方升.苟希纳定律[J].中外企业文化：保险文化，2007，（8）：81.
[2] 山姆·沃尔顿.富甲美国[M].杨蓓，译.南京：江苏文艺出版社，2015：78.

到2015年拥有全球2000多家连锁店。

公司大了,管理成本也提高了,沃尔顿却一直不改变做法——将管理成本维持在销售额的2%左右,用最少的人干最多的事。沃尔顿认为,精简机构和人员是企业良好运作的根本。与大多数企业不同,沃尔玛在遇到麻烦时,不是采取增加机构和人员的办法来解决问题,而是追本溯源,解聘失职人员和精简相关机构。沃尔顿认为,只有这样才能避免机构重叠,人浮于事。在沃尔顿看来,精简机构和人员与反对官僚作风密切相关。他非常痛恨企业的管理人员为了显示自己地位的重要,在自己周围安排许多工作人员。他认为,工作人员的唯一职责是为顾客服务,而不是为管理者服务。凡是一切与为顾客服务无关的工作人员,都是多余的,都应该裁撤。他认为,只有从小处着想,努力经营,公司才能发展壮大。沃尔玛能有今天的成功,自始至终坚持低成本运作这一点功不可没。

在一个充满竞争的世界里,一家企业要想长久地生存下去,就必须保持自己长久的竞争力,企业竞争力的一个来源就是用最小的工作成本换取最高的工作效率。只有机构精简,人员精干,企业才能保持永久的活力,才能在激烈的竞争中立于不败之地。

赛马不相马

很多人都喜欢"识人术",据说曾国藩精通麻衣相法,能通过观察人的相貌、举止、言行判断人的优缺点。在《用人三策折》中,曾国藩把考察人才的方法归纳为"询事""考言""奏折""诱迫"四法,他还写了《冰鉴》一书,专门讲识人之术。在现代人力资源管理中,人才的选拔也是一项重要的课题。人力资源管理者为了这个课题孜孜不倦地开发各种工具模型和测量方法,目的就是帮助企业选拔适合岗位的人才。

王阳明对选人这个命题的主张是"赛马不相马"——在奔跑中选出良将。从王阳明的言论中,极少看到他的"相人"之术,他提倡在磨炼和实践中选拔人才。王阳明分析认为,国家边事吃紧,总是打败仗的原因之一是缺乏具有韬略智谋、统驭之才的将军,当时的武举制度只能选出能够骑射搏击的勇士,很难选出具有韬略智谋、统驭之才的将帅。我们知道,勇士是比较好选择和测评的,只需要设置一些项目,包括骑射、举重等,比试一番就能选出勇士。具有韬略智谋和统驭之才的将帅选起来很困难,即便能文能武也不一定满足条件,依然有可能像赵括一样只会"纸上谈兵"。所以王阳明提倡让大家聚在一起"磨砻砥砺",在实践中"比年而校试,三年而选举"。

这样的"选人观"和王阳明一贯倡导的理念相吻合。王阳明认为满街都是圣人,人人皆有良知,只是有些人的良知被私欲隔断和蒙蔽了,只要存天理、去人欲就能达到超级无敌的圣人境界。因此,他看待人是动态发展,而不是一成不变的。人生而具有良知,只是有人随着环境的改变,被阻隔和蒙蔽了良知。还有一些人做了一些坏事,但被惩罚后又发现良知而痛改前非,最终成就一番丰功伟绩,这样的案例不胜枚举。所以,选人最好的方式就是"赛马而不相马"。

俗话说,千里马常有,而伯乐不常有。为什么伯乐不常有呢？因为伯乐不仅要有慧眼识珠的本领，还要有包容人才的胸襟，如此才能不拘一格发现人才。海尔张瑞敏指出，企业领导者的主要任务不是去发现人才，而是去建立一个可以出人才的机制，并维持这个机制健康持久运行。这种人才机制应该能够给每个人相同的竞争机会，把静态变为动态，把相马变为赛马，充分挖掘每个人的潜质，并且每个层次的人才都应接受监督，压力与动力并存，方能适应市场的需要。企业不缺人才，人人都是人才，关键是企业能否将每个人最优秀的品质和潜能充分激发出来。

为了把每个人最优秀的品质和潜能充分激发出来，海尔"变相马为赛马"，并且在全体员工高度认同的前提下，不断实践、提高。具体表现为：在竞争中选人才、用人才，就是要将人才推到属于他的岗位上去"赛"，使其发挥最大的潜力，从而企业就能最大限度地选出优秀人才。这是一个有利于每一个人充分发挥自己特长的机制，使每一个人都能在企业里找到适合自己的位置。海尔建立了一系列"赛马"规则，包括动态转换制度、在位监督控制、届满轮流制度、海豚式升迁制度、竞争上岗制度和较完善的激励机制等。

"赛马"有几个优点，一是公开性，高透明度；二是公平性，业绩面前人人平等；三是公正性，评价标准的编制、评价等级的确立、评价的组织实施都有严格、统一、规范的程序；四是实践性，坚持以实践检验为标准而不是以感觉和主观意志为标准。（如图4-1所示）

第四章　向王阳明学人力资源管理

公开性　公平性

"赛马"的四大优点

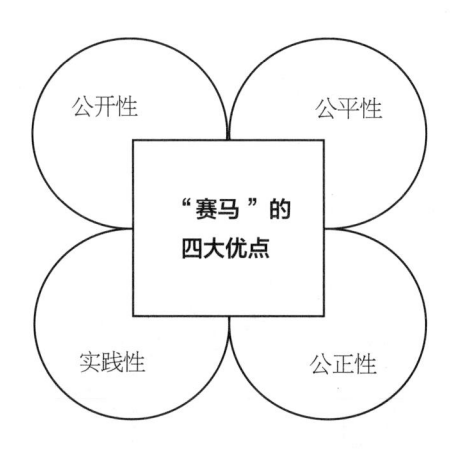

实践性　公正性

图4-1　"赛马"的四大优点

21世纪，企业缺的不是人才，而是诞生人才的机制。管理者的责任就是要通过搭建"赛马场"为每个员工营造创新的空间，充分发挥每个人的潜在能力，让每个人每天都能感受到来自企业内部和市场的竞争压力，又能够将压力转换为竞争的动力，这就是企业持续发展的秘诀。如果每个员工都能够用心去创造，去发明，去把自己的工作做好，去把自己的工作再提升，不管什么困难企业都能克服。

优势互补

我们先来看看图4-2，大家想象一下，我们逐个添加图中各元素：先是一张白纸，什么都没有；添上一个元素，现在有了一个3/4圆；再添上第二个元素，两个3/4圆而已；接着添加，三个嘛，没什么！等到添上第四个元素的时候，就不仅是四个

3/4圆了，多出一个"东西"。多出什么呢？中间出现了一个空白的"正方形"！这个"正方形"，就是各元素相互协同的产物，它不属于任何一个元素，但又不能离开这些元素。这在复杂性科学中有一个术语——涌现。

图4-2 价值涌现图

一个3/4圆能实现价值的涌现吗？答案当然是否定的。一个3/4圆必须借助另外三个3/4圆才能发挥涌现的力量。我们每一个人就像一个3/4圆，都是不完美的，都是有缺点的，但是和别人优势互补之后，就有可能像上图一样，弥补缺陷，涌现价值。

王阳明认为朝廷缺乏具有韬略智谋、统驭之才的将领，是因为当时的训练和甄选将文武分离，没有采用优势互补原则，致使文臣只会舞文弄墨，武士只会骑射剑击，缺乏"文能提笔安天下，武能上马定乾坤"的人才。所以，王阳明在"边务八策"中明确提出"公侯之家虽有教读之设，不过虚应故事，而实无所裨益。诚使公侯之子皆聚之一所,择文武兼具之才,如今之提学之职者一人以教育之,习之以书史骑射,授之以韬略谋猷,又于武学生之内,岁升其超异者于此,使之相与磨砻砥砺……",其实就是要通过优势互补的方式,达到文武互补,相互增进的目的。王阳明认为朝廷缺乏人才的问题主要在"选举"制度上,分设文试科举和武举考试将人才割离,自然会缺乏有勇有谋的统驭之才。这就好比我们要招聘一名"外贸销售员",这个人首先必须懂外语,其次必须懂销售,但人力部门却按照"销售员"和"翻译员"去招聘,招聘过来的人员,要么懂销售不懂外语,要么懂外语却对销售完全不懂,结果都不能够满足要求。因而,王阳明认为要将优势互补的人混合到一起相互砥砺磨炼,相互增进,实现效率提升。

一个团队中,发挥每一个团队成员的个人优势是十分重要的。雁群会挑选一只最强壮的大雁担任头雁,掌控方向,带领所有的大雁飞翔,然后挑选两只强壮的大雁断后,让它们照顾飞行在中间的年幼的、体弱的大雁,爱护、关怀、鼓舞每一只大雁,防止任何一只掉队。这样的安排既保证了团队的飞行效率,又保护了新生力量的成长。大雁这种团队性强的动物,总是能给人无限启发。

建立优势互补的团队是人力资源管理的关键。团队是人力资源的核心,"主内"与"主外"的不同人才,耐心的"总管"和具有战略眼光的"领袖",技术与市场两方面的人才,都不可偏废。团队的组织还要注意个人的性格与看问题的角度。如果一个团队里有总能提出可行性建议的成员和能不断地发现问题的批判性的成员，对公司发展将大有裨益。

一个团队中会存在不同类型的人，有些人能力强，但作风不硬，不能吃苦；有些人勤勤恳恳，却能力较弱，只能埋头拉车，不会抬头看路，缺乏工作的创新性……这些人互相配合，才能构建一支强大的团队。

互补是什么？

第一，团队成员不同的资源储备、技术领域、个人能力都能够互相弥补、互相搭配。通常，团队中的成员应具有不可替代性。

第二，工作搭配必须合理，每个人都要能发挥自己的特长，组合起来形成强大的战斗力和解决问题的能力。

团队协作带来的执行力提升，以及团队由此所能取得的高绩效，对越来越多的企业正在变得越来越重要，尤其是企业正经历重大变革之际。寻找到高素质的员工或者伙伴，实现团队资源优势互补，是团队的一种基础保障，也是团队执行力得以增强的前提。十个单打独斗的人，比不过两个人紧密配合的工作组合，这是一个事实，也是一个对比。找十个无法相互配合的员工，不如只找两个技能互补、具有高协作精神的员工。团队的综合素质越全面，结构越合理，企业获得成功的可能性就越大，执行力也就越高。

团队必须拥有三种类型的人才：技术人才、管理人才和销售人才。不同类型的人才之间要充分配合，互相搭配补充，要充分发挥每个人的独特优势。只有实现三者的完美统一和高效配合，企业才能稳步发展并最终走向成功。企业要根据自身发展的不同阶段，对团队中的这些资源进行区别使用。当企业处于萌芽期，团队通常以技术人员为核心，以实现产品技术的突破；当企业处于规模扩展上升阶段，除了注重技术，还要加强市场的开拓；当团队处于成熟期，应该将重心放在管理上，控制好公司的运营。

第二节　用人

通过对本小节的学习，我们将了解王阳明的"用人观"，学习并借鉴王阳明用人的方式方法。

【阳明先生语】

　　臣惟人之才能，自非圣贤，有所长必有所短，有所明必有所蔽。而人之常情亦必有所惩于前，而后有所警于后。吴起杀妻，忍人也，而称名将；陈平受金，贪夫也，而称谋臣；管仲被囚而建霸，孟明三北而成功，顾上之所以驾驭而鼓动之者何如耳。故曰：用人之仁，去其贪；用人之智，去其诈；用人之勇，去其怒。夫求才于仓卒艰难之际，而必欲拘于规矩绳墨之中，吾知其必不克矣。臣尝闻诸道路之言，曩者边关将士以骁勇强悍称者，多以过失罪名摈弃于闲散之地。夫有过失罪名，其在平居无事，诚不可使处于人上；至于今日之多事，则彼之骁勇强悍，亦诚有足用也。且被摈弃之久，必且悔艾前非，以思奋励。今诚委以数千之众，使得立功自赎，彼又素熟于边事，加之以积惯之余，其与不习地利、志图保守者，功宜相远矣。古人有言："使功不如使过"，是所谓"使过"也。

——

子欲观花，则以花为善，以草为恶。如欲用草时，复以草为善矣。此等善恶，皆由汝心好恶所生，故知是错。

知人善用

王阳明能够立下赫赫战功，和他的"知人善用"有很大关系。企业不在大小，员工不在多少，凡重用众才之能者必兴，凡善聚众智之光者必明。这个方面，刘邦是一个榜样。《汉书·高帝纪下》记载，刘邦登帝位后，在述其战胜项羽的经验时说："夫运筹帷幄之中，决胜千里之外，吾不如子房；镇国家，扶百姓，给馈饷，不绝粮道，吾不如萧何；连百万之众，战必胜，攻必克，吾不如韩信。三者皆人杰，吾能用之，此吾所以取天下。"由此可见，领导者不一定样样都行，样样才干过人，但必须善于识人、选人、用人，否则，任何雄才大略均难以实施，任何宏图伟业都不能成功。

我们来看看王阳明知人善用的故事。

王阳明在赣州平叛时，队伍中有李正岩和刘福泰两人，这两个人偷偷摸摸与贼寇有所来往，经常将官府的情报出卖给敌人。王阳明得知这个重要信息后，便将此二人秘密召到自己的官邸，让他们赶紧交代自己的罪行。不料，李正岩和刘福泰冥顽狡猾，死活不肯认账。王阳明见状，对他们说："即便你们真有过给贼寇通风报信的事情，也不是没有戴罪立功的机会。我仍可以将你们留在府衙任职。你们再好好想想吧！"

到了晚上，士兵向王阳明报告，李正岩和刘福泰两人求见，说有紧要的事情禀告，请求大人能够抽时间见他们一面。王阳明命人带他们进来。李正岩和刘福泰一进门马上跪地求饶，然后对王阳明说："听说我军打算攻打桶冈，此事万万不可，山岭高耸，通路狭隘，官兵根本不可能顺利经过。我们现在可以给大人推荐一个人，就是木匠张保。他曾常在敌营，参与山寨的建设，其中很多设计都出自他手，他还十分清楚敌营的地理位置。"王阳明立刻问："必须立刻找到此人，你们可知道此人现在何处？"两人答道："真是天助我军，张保已经被我等擒获，现在正在衙门外候着。没有大人的命令，我等不敢擅自将张保带进来面见大人。"

王阳明立刻吩咐将张保带入衙门，然后将他请到一个没有人的屋子。王阳明对张保说："听说敌寇的山寨皆出自你的设计，你这是死罪啊！"张保听闻，连忙俯首认罪，回答道："小人本是依靠手艺讨一口饭吃的，误入敌寇巢穴，一时间贪生怕死，才无奈上了贼船，在贼寇的逼迫下不得不给他们卖命，这真是没有办法的事情！"王阳明见目的达到了，就说道："这个事情我暂时就不追究你的罪责了。你在贼营多年，他们建设营寨必然选择在地势险要的位置，你就把他们的重点活动区域在地图上如实标记下来，还要把营寨附近前后左右所有能与外通达的道路全部供述出来。"张保赶紧答应。

事后，王阳明如约赦免了这三人的罪行，后来还给他们一官半职为国家效力。这就是王阳明知人善用的妙处。

在人才的运用和配置上，我们要分清人才的类型和特点，加以合理运用，把不同人才放置在恰当位置上，盘活和优化人力资源。根据员工能力和特点分配工作，使他们正确定位，不断认识和提高自我，注重扬长避短，充分发挥能力，相互支持、相互依托、和谐共处，贡献其最大智慧和能量，携手确保企业安全、稳定、发展。

舍短以用长

王阳明为何能够做到"知人善用"呢？这取决于他"舍短以用长"的用人观。著名的"木桶理论"指出，一个人的综合能力取决于最短的那块板子，王阳明的用人观则与之相反。王阳明认为每个人都有缺点和优点，用人不能看到有缺陷就不用，而是要扬长避短，舍短以用长。从他给朝廷的《陈言边务疏》的"边务八策"中就能看到王阳明所主张的用人观，其第二策为"舍短以用长"。王阳明认为用人就要用人长处，而不要因为有缺点就弃之不用。他还举了吴起、陈平等人的例子，这些人都有缺点，吴起杀掉自己的妻子，很残忍，但成了一代名将；陈平心迷钱财，但成为立功的谋臣……"使功不如使过"算是一条妙策。王阳明晚年平定地方叛乱时，就使用过这一妙策，他敢于使用归顺之士去讨伐其他叛贼，并且取得不错的战果。

"善恶两端，非冰炭相反，实乃一物耳"，王阳明基于这样的善恶观，提出"舍短以用长"的策略。很多人并不认可这样的善恶观，他们认为好人就是好人，坏人就是坏人，善恶是相反的，不太愿意相信坏人可以变成好人，一旦了解到某人的过失，就会对此人弃之不用。很多时候，这样的做法不免造成人才浪费。

历史上有许多"使过"成功的例子。比如的齐桓公在即位前曾经差点被管仲用箭射死，后来，他历经磨难最终登上了王位，而此时，管仲已经远逃。按常理，齐桓公不派人追杀管仲已够气量了，但齐桓公捐弃前嫌，派一位重要官吏把管仲接了回来，并命令人清扫宗庙，大摆筵席，以迎接管仲归来。管归来不久，齐桓公又拜他为相国。管仲为齐桓公对自己的态度感动万分，发誓报答此番恩情。在管仲的辅佐和治理下，齐国迅速强大起来，齐桓公也得以位列"春秋五霸"。

使功不如使过，大胆使用有过错的员工常会收到"一石三鸟"的效果：一能使其更加感激领导的尊重和信任；二能使其悔过；三能促其努力工作，将功补过。实践表明，有过错的人往往比有功劳的人更容易接受困难的工作。给有过错的人机会实际上是对他的一种强大的激励，可以使其一跃而起，创造令人刮目相看的成绩。对有过错的人才而言，他们最需要的就是获得重新证明自身价值和展示自身才华的机会，尤其当他们因过错而受到社会的歧视冷落时，这种愿望就更为迫切。因此，领导者一旦提供机会，他们就会迸发出超乎平常的热情，付出更大的努力去工作，完成常人难以完成的任务。

世上没有十全十美的人，没有谁能保证一辈子都不做错事，因此，对待有过错的人才要有宽容的胸襟。

有个这样的管理故事。

在一次工商界聚会中,几个管理者大谈自己的经营心得。其中一人说:"我公司有三个管理人员,我准备找机会裁掉他们。"另一人问:"为什么要这样做呢?他们有什么问题?"第一个人说:"一个整天抱怨,专门吹毛求疵;一个杞人忧天,老是害怕工厂有事;一个喜欢'摸鱼',整天在闲逛。"第三个人听后想了想说:"这样吧,把这三个员工转到我的公司吧!"第二天,这三个员工到新公司报到,管理者什么也没说就开始给他们分配工作:喜欢吹毛求疵的员工,负责公司产品质量的管理;害怕出事的员工,负责安全保卫及保安系统的管理;喜欢"摸鱼"的员工,负责商品宣传,整天在外面跑。这三个员工一听到分配的业务和自己的个性相符,不禁大为兴奋,都兴冲冲上任了。过了一段时间,因为三个人的卖力工作,公司的运营绩效有所提升。

无论是企业还是个人,都要想方设法找到自己的优势,而且时时刻刻都要清楚自己的优势所在。成功心理学的创始人之一唐纳德·克利夫顿说:"在成功心理学者看来,判断一个人是不是成功,最主要的是看他是否最大限度地发挥了自己的优势。"[1] 我们在用人的时候,不要只盯着别人的"最短板",而要善于发现别人的优势并使之发挥出来。

---

[1] 唐纳德·克利夫顿,葆拉·纳尔逊. 放飞你的优势[M]. 方晓光,译. 北京:中国社会科学出版社,2012:118.

求之于势

王阳明用兵如神是大家所共识的,他主张"精简京师,就地招募",敢于用弱胜强;他主张"兵贵精不贵多",敢于以少胜多,他的这种底气来自何处?《孙子兵法》有云:"善战者,求之于势,不责于人。"意思是,善于指挥作战的人会创造并利用有利的态势取得胜利,而不苛求和责备下属。孟子说:"虽有智慧,不如乘势。"王阳明用弱胜强,以少胜多,必然是善用"势"者。

王阳明率领士兵讨贼,在一个叫作莲花石的地方开战。由于山贼做了充分准备,刚一交战,剿贼队伍的两员大将就接连战死,其他将士见状内心多有不安。这时候就有人退缩了,跑来对王阳明说:"到现在我们都没有荡平贼寇,我觉得还是等待朝廷援兵,到秋天再来进攻才是最好的办法!"王阳明听取了这位将士的谏言,下令退军在江州府上杭县扎营休整,对外扬言要大力犒赏三军将士。之所以这么做,一者让军队休养生息,让将士养精蓄锐;二来是要给敌人以等待援军的假象。王阳明暗中派密探对敌人一探虚实,密探回来报告说,山贼又跑回去占据了象湖山。王阳明见时机成熟,下令各军自查军纪军法,凡是违反纪律者一律严厉追查责任,绝不宽恕。对那些和敌人私下勾结的士兵允许他们戴罪立功。然后王阳明将所有士兵分为两支队伍,同时对敌人发起突击。讨贼军一鼓作气,长驱直入象湖山敌人的巢穴……王阳明先后剿灭了四十多个贼寇团伙，祸害十余年的贼寇终于悉数被镇压。

在王阳明运筹帷幄、决胜千里的谋划中，我们能看到其"借势"和"造势"的智慧。一鼓作气，再而衰，三而竭，任何机会都有其时间窗口，错过了这个时间窗口，主动有可能转变为被动，优势有可能转变成劣势。王阳明就曾告诫弟子，很多人面对时机犹豫不决，表面看是谨慎持重，实则是错失良机。前面我们提到过的例子，宁王朱宸濠要是懂得这个道理，就应该借着自己方锐之气出其不意直趋京师。

《孙子兵法》说："若决积水于千仞之溪者，形也，如转圆石于千仞之山者，势也。"大意是，掘开千仞之溪，洪水直下释放巨大势能，可转圆石于千仞之山。又说："激水之疾，至于漂石者，势也。"大意是，水流的速度非常快，可使石头漂浮起来，弱小柔软的水能浮起强大坚硬的石头，靠的是速度，有了这个速度就能形成"势能"。（如图4-3所示）

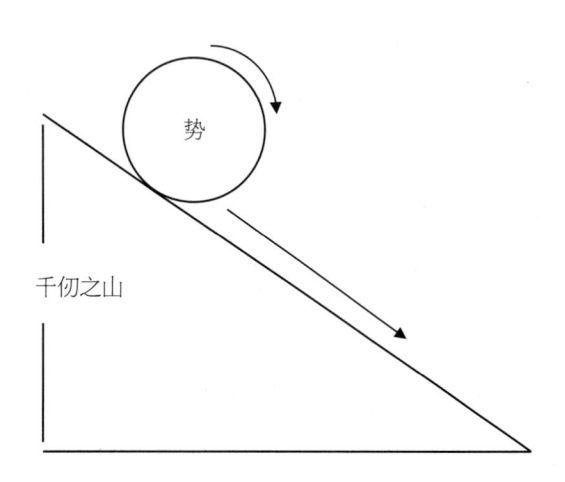

图4-3 "转圆石于千仞之山"示意

真正高明的企业必然顺流而行，乘势而为。许多看起来难办的大事，居然顺顺利利地办成了，就因为懂得"乘势"。这里所说的"势"，指那些促成某件事成功的各种外部条件同时具备，即恰逢其时，恰在其地，几好合一，好的机会集体而成某种大趋势。具体说来，这种"势"就是由时、事、人等因素交互作用形成的一种可以"毕事功于一役"的合力。"时"即时机，所谓"彼一时，此一时"，同样一件事，彼时去办，也许无论花多大力气都无法办成，而此时去办，可能"得来全不费功夫"。"事"指具体将办之事，一定的时机办一定的事情，同样的事情此时该办便可办，彼时也许不可办和不该办，可办则一办即成，不可办则绝无办成之望。"人"即具体办事的人，一件事不同的人会办出不同的结果，即使能力不相上下的两个人，这个人办得成的某件事，另一个人不一定能办成。所谓"乘势"而行，就是要在恰当的时机由恰当的人去办该办的事情，这正是用人的妙处！

当然，我们更应清楚，在诸多因素中，对时机的选择与把握是至关重要的，它可以说是我们"乘势"的灵魂，王阳明的神机妙算，其实核心在于对时机的把握，时机的窗口一旦关闭，就绝无胜算了。在许多事情的处理与运作过程中，特别是商业行为，即使我们的意见科学理性、决策果断准确，想让这个意见或决策发挥更大、更有力的作用或影响，也必须选择恰当的时机，乘"势"而发。否则，说早了没用，说迟了徒然自误；说的场合不佳，效果不大，甚至带来反面作用。

此心不动，动转即得势，那么"势"从何而来？王阳明教我们"念念不忘天理",即我们每一次动心,每一次动念,都不忘"天理",此心即可动转得势。创办一家医院,不忘"济世救人"的理;创办一所学校,不忘"教书育人"的理;创办一家企业,不忘"为客户创造价值"的理,只要动机至纯,私心了无,不忘天理,必然人心所向,动转得势。

第三节 育人

通过对本小节的学习,我们将了解王阳明的"育人观",学习并借鉴王阳明育人的方式方法。

【阳明先生语】

陆澄问:"静时亦觉意思好,才遇事便不同,如何?"先生曰:"是徒知静养而不用克己功夫也。如此,临事便要倾倒。人须在事上磨,方立得住,方能静亦定,动亦定。"

事上磨炼

对人的培养,王阳明并不提倡坐而论道或避世修炼,而是建议大家在事上磨炼。《传习录》记录了一段王阳明与弟子陆澄的问答。王阳明的弟子陆澄有个困惑,当然也是我们的困惑。他问,静坐用功,觉得此心异常强大,甚至想着遇到某事必能轻松解决。可一遇事就蒙了,真是烦躁。王阳明针对此症,告诉陆澄,人须在事上磨炼。

第四章 向王阳明学人力资源管理

事上磨炼，通俗而言，就是要参与社会实践，在纷繁复杂的具体事务中锻炼自己的心理素质，做到动静皆定，泰山崩于前而色不变，麋鹿兴于左而目不瞬，沉着冷静，正确应对，最后就能达到"不动心"境界。王阳明认为，克己之功不可间断，克己与本体所处的动静状态无关，一味求静，反而更容易潜藏私欲，因此，王阳明提倡于动时克己。王阳明受命平定横水、桶冈反贼之际，曾深切感受到在行事中进行省察克治的重要性。

有一位地方官常去听王阳明的心学讲座，每次都听得津津有味，偶尔会呈恍然大悟之态，眉飞色舞。月余后，他深表遗憾："您讲得真精彩，可是我不能每天都来听，身为官员，好多政事缠绕，不能抽出太多时间来修行啊。"王阳明接口道："我什么时候让你放弃工作来修行？"该官员吃了一小惊："难道在工作中也可以修行？""工作即修行！"王阳明斩钉截铁地回道。该官员既迷惑又惊奇道："难道您让我一边工作一边温习您的学说？"王阳明说："心学不是悬空的，只有把它和实践相结合，才是它最好的归宿。你要断案，就从断案这件事上学习心学。例如，当你断案时，要有一颗无善无恶的心，不能因为当事人的无礼而恼怒；不能因为当事人言语婉转而高兴；不能因为厌恶当事人而存心整治；不能因为同情当事人的而宽容；不能因为自己的事务烦冗而草率结案；不能因为别人的诋毁和陷害而随别人的意愿去处理。这就是良知，良知就是自己知道而别人不知道。你必须认真省察克治，心中万不可有丝毫偏离而枉人是非，这就是致良知了。如果抛开事务去修行，反而处处落空，得不到心学的真谛。"官员恍然大悟，满意而归。

"事上磨炼"就是存天理、去人欲，就是让自己的喜怒哀乐恰到好处，不可过分，这就是"和"，就是良知本体。"事上炼"就是要到人情事变上去炼心，喜怒哀乐是人情，富贵、贫贱、患难、生死是事变，事变也只是在人情里，只要能在人情事变上致良知，就是最好的炼心，自然是最好的"事上炼"。

在企业人才培养这件事情上，我们也要秉承王阳明"事上炼"的理念。人是要学习的，而且是要终身学习的。在很多人眼里，所谓学习，就是读书做学问，向其他人借鉴经验，通过进修获得自己不具备的知识和技能。王阳明却认为，学习远不是这么狭隘，时时处处都存在学习的机会，其中最重要的一点，就是要在事上学习。

王阳明认为，一个人的修养层次，是应该不断提升的，只有不懈地进取，才能让心灵端凝，才能在处理世事时做到不偏不倚，才能随机应变地面对各种问题和困扰而不失去恒常，才能有做事情的主宰而不被外物所役。在事上磨炼，就是通过做事修炼。每天所做的事情，就是最好的提升自我的机会，要珍惜机会，很好地把握机会，这种把握，是一种积极的把握。只有完成这个过程，才能达到"随心所欲不逾矩"的程度。我们做事，未必是完美的，所以必须时刻提醒自己向着完美的方向发展。学习做事归根结底是在学习做人，如果一个人只知道做事，那么他就只是作为事情的奴隶而存在，谈不上高度和深度。所以，有必要进行一定程度的疏离，也就是说，要部分地让事情外在于自身，还要保持一定的清明。保持这点清明来做什么呢？根据王阳明的说法，就是要"省察克治"。"省"，指内省，要不断地对做事的那个自己进行反省；"察"，指检察，要周密地思考自己的所作所为，是什么思想支撑的，是什么理念支配的，是什么方向决定的，是否有不足和漏洞存在，如果有，应该如何补足，如何矫正；"克"，指克己，要努力保持清醒，跳出各种诱惑来做事；"治"，就是修整，就是疏通，就是看到不足要及时、积极地调整自己的姿态。

不同的人在自己的不同人生阶段应有不同的态度和为人方式，因循守旧、不思进取的人，会永远操持固有的想法和方法。我们要看到，生命最需要的，是不断地填充、丰盈，不应在原地踏步。随着年龄的增长、精力的衰退、意志的消磨，不懂进取、故步自封的人只会退步。只有坚持学习、磨炼于事的人，才会"苟日新，又日新，日日新"，每天获得新鲜的知识和体验，每天心灵都能得到丰沛的养料。这样的人，势必充满旺盛的活力，势必获得甘甜的幸福，势必能延长生命的轨迹，势必能扩大生活的外延。

教化为先，攻心为上

王阳明对人的培养，主张"教化为先，攻心为上"，每次平叛前后，都能看到他教化反贼和民众的一面，这也体现了其圣人之道。王阳明在《象祠记》中强调，人性本善，世间任何人都是可以被感化的。

提升员工工作效率要解决三大问题：愿不愿？会不会？能不能？"愿不愿"是态度和意愿问题，是内心原动力问题。"会不会"是能力问题，对一件事情或一项任务，员工有没有能力去解决它。"能不能"是制度和组织问题，如果组织的制度限制员工能力的发挥，也会导致工作效率低下。"会不会"可以靠培训解决，"能不能"可以靠改革制度解决，唯独"愿不愿"这个问题难以解决，我觉得在这三个问题中，"愿不愿"是最为核心的问题。王阳明"教化为先，攻心为上"其实就是要解决人的态度和意愿的问题，这个问题解决了，后面两个问题自然能够迎刃而解。如果不能解决态度和意愿的问题，给员工做多少培训都是没用的，员工的技能还是得不到提升，因为员工从心底就不愿意改变。（如图4-4所示）

图4-4 员工工作效率提升

有这样一个故事。猎人带着猎狗去打猎。猎人击中一只兔子的后腿，受伤的兔子拼命逃跑。猎狗在猎人的指示下飞奔追赶兔子。最后兔子还是不见了，猎狗只好悻悻地回到猎人身边，猎人开始骂猎狗："你真没用，连一只受伤的兔子都追不到！"猎狗听了很不服气地回道："我尽力而为了呀！"再说兔子，带伤跑回洞里，它的兄弟都围过来惊讶地问："那只猎狗很凶呀！你又带了伤，怎么跑得过它？""它是尽力而为，我是全力以赴呀！它没追上我，最多挨一顿骂，我若不全力以赴地跑就没命了呀！"

人本来是有很大潜能的，但是我们往往会给自己找借口："管它呢，我尽力而为了。"事实上尽力而为是远远不够的，尤其是在这个竞争激烈、到处充满危机的年代。全力以赴的前提，是解决好"愿不愿"的问题，心底不愿意，怎么会全力以赴去做事情呢？

书院与企业大学

王阳明一生中有二十余年从事书院的教学实践。他教学的书院包括龙冈书院、文明书院、稽山书院、阳明书院等。在赣州期间，他还建复了六所书院，其中新建的义泉、正蒙、富安、镇宁、龙池五书院为社学性质，以教民化俗为主，修复的濂溪书院以传播心学为要。在长达二十余年的书院讲学实践中，王阳明形成了自己的书院观，包括对书院的看法，书院的教学方法，书院的制度化建设，书院与学术的关系，书院的教化功用等。

关于书院，王阳明将其定位于"匡翼夫学校之不逮"，认为书院存在的意义就在于补救官学的流弊，讲求古圣贤的明伦之学。这主要体现在他的《万松书院记》中："惟我皇明，自国都至于郡邑，咸建庙学，群士之秀，专官列职而教育之。其于学校之制，可谓详且备矣。而名区胜地，往往复有书院之设，何哉？所以匡翼夫学校之不逮也。""自科举之业盛，士皆驰骛于记诵辞章，而功利得丧，分惑其心，于是师之所教，弟子之所学者，遂不复知有明伦之意矣。""怀世道之忧者，思挽（亦作勉）而复之。""乃增修书院。"在王阳明看来，国家建学之初意就是明人伦，但因为科举的影响，这种建学的本意贯彻不了，也就是说，书院是在官学"不复知有明伦之意"的情况下，替代官学去讲明伦之学的。王阳明用了一个军事上的比喻："譬之兵事，当玩弛偷惰之余，则必选将阅伍，更其号令旌旗，悬逾格之赏以倡勇敢，然后士气可得而振也！"非常明显，在王阳明那里，书院和官学是同属国家学政队伍的两支部队，当官学受科举之累迷失讲求明伦之学的前进目标时，书院就是一个很好的补充。以书院作为宣讲、倡大自己学说的基地，是王阳明书院观的重要内容。

王阳明关于书院的教学方法和理论，主要体现在《教条示龙场诸生》中。此文作于正德三年（1508年），以"立志、勤学、改过、责善"为旨，揭示了王阳明讲学求道的逻辑理路。讲会制度建设是王阳明对书院的一大贡献，王门最早的讲会是由王阳明亲自主持的。王阳明重视书院建设，将其视作研究、宣传自己学术思想的阵地，其学几变而定于书院，其教亦传于书院，在书院的讲学过程中，王阳明不断完善、发展自己的学术主张与思想体系。可以说，王阳明在正德、嘉靖年间的努力开启了中国历史上南宋之后的第二个书院与学术互为表里、一体发展的时代——新的理论在书院中崛起，新崛起的理论又一次推动了书院勃兴。

王阳明办书院的理念对企业大学建设有深刻的启迪意义。1955年，GE克劳顿管理学院成立，随后，各家企业大学取得了长足发展，2010年全球已有企业大学3700家，我国自20世纪90年代开始逐步建立企业大学。

企业大学的建设弥补了高校教学的不足，企业大学的教学更加专业化、行业化，更加具有实践性，教学的内容更加贴合企业自身的需求，企业大学逐渐成为企业人才培养和储备不可或缺的部分。一家企业投资创办企业大学，其目的一是要落实企业的战略意图，因为它属于战略投资，所以一定要产生战略贡献；二是人才培养；三是企业组织能力的提升和发展；四是解决企业的业务难题。

企业大学建设重点在于两个方面：学员和师资。学员方面要考虑其能力结构，可以分层级建立学习地图。师资可来自内外部，内部优秀者可以在企业大学得到提拔或培养成内部培训师；也可以选择外部专业讲师授课，主要目的为开拓员工的视野，调节员工的心态。

罗马不是一天建成的，企业大学的建设也要有长远规划，唯有以企业为根本，将战略落实作为企业大学的初心与目标，才能让企业大学在企业发展中不被边缘化，发挥自身主动作用，最终创造不断增长的价值。

第四节　留人

通过对本小节的学习，我们将了解王阳明的"留人观"，学习并借鉴王阳明留人的方式方法。

【阳明先生语】

赏罚如此，宜乎人心激劝，功无不立；然而有未能者，盖以赏罚之典虽备，然罚典止行于参提之后，而不行于临阵封敌之时；赏格止行于大军征剿之日，而不行于寻常用兵之际故也。且以岭北一道言之，四省连络，盗贼渊薮。近年以来，如贼首谢志珊、高快马、黄秀魁、池大鬓之属，不时攻城掠乡，动辄数千余徒。每每督兵追剿，不过遥为声势，俟其解围退散，卒不能取决一战者，以无赏罚为之激劝耳。合无申明赏罚之典，今后但遇前项贼情，领兵官不拘军卫有司，所领兵众有退缩不用命者，许领兵官军前以军法从事；领兵官不用命者，许总统兵官军前以军法从事。所统兵众，有能对敌擒斩功次，或赴敌阵亡，从实开报，覆勘是实，转达奏闻，一体升赏。至若生擒贼徒，鞫问明白，实时押赴市曹，斩首示众；庶使人知警畏，亦与见行事例决不待时，无相悖戾。如此，则赏罚既明，人心激励；盗贼生发，得以即时扑灭；粮饷可省，事功可见矣。

赏罚分明

王阳明治理军队非常重视"赏罚分明",向朝廷要求严格施行赏罚制度激励军队的士气,并提出过时而赏与无赏同,后事而罚与不罚同。

王阳明讨贼功成,请求皇帝封赏立下卓越功勋的将领,结果却是有功的将领要么未被行赏反被削减功绩;要么给一些虚职,实际上让其退闲;要么以不忠的名义被废斥。如此种种,王阳明悉数看在眼里,最终他不由得仰天叹息道:"同事诸臣,伸长了脖子等待赏赐等了三年时间!我如果听之任之的话,今后还有谁能够秉承忠义之气,以赴国难!功成而不行赏,这无疑会伤了天下那些为国效命的壮士们的心。"可见王阳明非常不赞同朝廷的赏罚不明。

唐太宗认为,国家大事不过是赏罚而已。古人在论述理政之道时,总是将赏与罚并提,认为这二者是一个问题的两个方面,互为表里,相辅相成。赏罚分明,在管理过程中不夹带任何私人感情,是树立领导权威的好方法,也是保证团队凝聚,人心不散的重要前提。

在团队管理中,管理者在奖酬、惩戒二者之间如何寻求平衡点至关重要。适度的奖酬能激励人心,但必要的惩戒也必须采用,只是在惩戒的方式上要灵活。惩罚作为一种负强化手段,与奖励这种正强化手段是共生的。

惩罚可以有效地防止和纠正各种非期望行为,借以保护多数员工的主动性和积极性。但惩罚制度应合理，惩罚的目的是鼓励员工在工作中行为审慎。要达到既定的惩罚目的，就得对号入座，先了解惩罚对象是哪种类型的员工。有的员工好逸恶劳，尽可能地逃避工作，并且抗拒变革，对这种员工，须以惩罚促使他们朝向组织的目标努力。有的员工平时工作努力认真，做事积极谨慎，只是偶尔出现无心之失，犯了点小错误，过于严厉的惩罚反而会挫伤他们的工作积极性，受批评的人不仅听不进批评，反会因当众被斥感到屈辱，内心会愤愤不平，是不可能平心静气地进行反省的，对他们，鼓励和适当的宽容也许会取得较好的效果，使犯错者心存感激，在工作中更加努力。

另外，作为团队领导，如果对员工惩罚错了，不仅要向被惩罚者赔礼道歉，还要主动自罚，这样，才能赢得员工的谅解，树立自己良好的形象。

在执行制度时一定要遵守赏罚分明的原则，不讲人情，公正公平，严格执行，一碗水端平，掌握赏罚的艺术，这样才能真正保证团队制度发挥最大功用，保证团队平稳、高效地运行，打造出真正出色的团队、出色的企业。

增量考核

王阳明"边务八策"中第四策是"屯田以给食"，王阳明对此解释说："臣惟兵以食为主，无食，是无兵也。边关远输，水陆千里，踣顿捐弃，十而至一。故兵法曰，国之贫于师者远输，远输则百姓贫；近师贵卖，贵卖则百姓财竭，此之谓也。今之军官既不堪战阵，又使无事坐食以益边困，是与敌为谋也。三边之戍，方以战守，不暇耕农。诚使京军分屯其地，给种授器，待其秋成，使之各食其力。寇至则授甲归屯，遥为声势，以相犄角；寇去仍复其业，因以其暇，缮完虏所拆毁边墙、亭堡，以遏冲突。如此，虽未能尽给塞下之食，亦可以少息输馈矣。此诚持久俟时之道，王师出于万全之长策也。"

王阳明认为，士兵以食为主，无食则无兵。他主张没有战事的时候，给士兵分田地，给予种子和耕种工具，让士兵耕种以获得收成。有战事的时候，士兵就穿上盔甲，上阵迎敌。其实在企业管理中，也是如此！"兵以食为主，无食，则无兵"，如果连员工的生活问题都不能解决，如何能指望员工长久留在企业呢？企业留人非常重要的一个因素就是待遇，特别是员工的工资收入。

那么，企业是不是应该无原则的提高员工的工资收入水平呢？不是的，企业不是慈善机构，它必须获得合理的利润才能持续运营下去。所以，给员工提升收入的方法并不是简单提高工资。王阳明让士兵丰衣足食的方法并不是向国家要求增加军饷，而是在无战事的时候，给士兵分田地，给种子和器具，甚至教以方法，让士兵自食其力。把这个道理引入企业管理中，提升员工收入的方法就是鼓励员工为企业创造更多的收益，从而提升自身的收入。那么，在绩效考核上，就要鼓励员工增加业绩"增量"，让优秀者获得更多，懒惰者自然无所收获。

员工的增量考核主要体现在绩效提成方式上。员工绩效提成的方式有四种：阶梯式、恒定比例式、递增式、递减式。

一、阶梯式

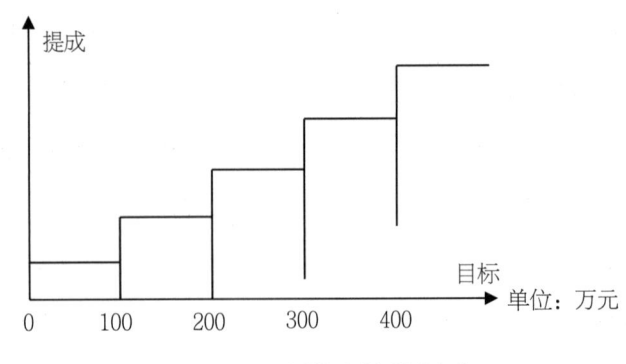

图4-5　阶梯式绩效提成

阶梯式的绩效提成方式是将目标分成层级。以图4-5为例，员工完成100万元以内业绩提成10万元；完成业绩在100万元到200万元之间，提成是20万元……

二、恒定比例式

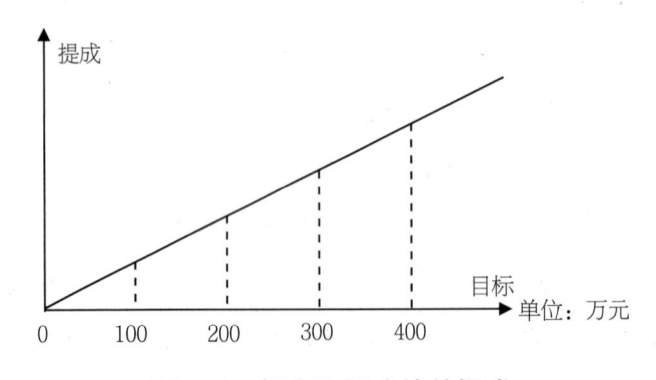

图4-6　恒定比例式绩效提成

恒定比例式绩效提成计算方式为"销售业绩×提成系

数"。以图4-6为例，假设提成系数为10%，销售业绩为100万元，提成为10万元；销售业绩为150万元，提成为15万元；销售业绩为200万元，提成为20万元；销售业绩为300万元，提成为30万元……

三、递增式

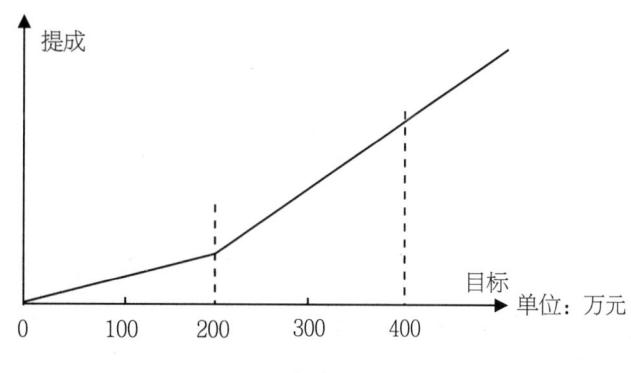

图4-7 递增式绩效提成

递增式绩效提成计算方式为"销售业绩×提成系数"，但是超过目标值部分的提成系数更大。以图4-7为例，假设业绩目标定为200万元，业绩小于等于200万元的部分提成系数为10%，高于200万元的部分提成系数为20%；那么当销售业绩为200万元时，提成为20万元；当销售业绩为300万元时，提成为40万元。这种提成方式可激励员工挑战增量目标，增量越多，获得回报越大。

四、递减式

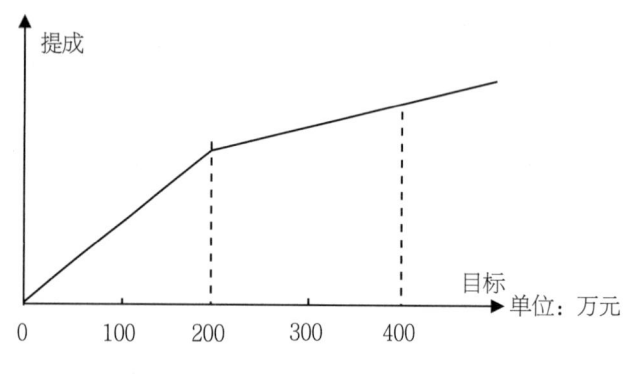

图4-8 递减式绩效提成

递减式绩效提成计算方式为"销售业绩×提成系数",但是超过目标值部分的提成系数更小。以图4-8为例,假设业绩目标定为200万元,业绩小于等于200万元的部分提成系数为10%,高于200万元的部分提成系数为5%,那么当销售业绩为200万元时,提成为20万元;当销售业绩为300万元时,提成为25万元。这种提成方式可维持团队工资水平的相对平衡,不会出现很大的差距。

在四种绩效激励方式中,第三种是充分激励员工冲刺增量的方式,在这种方式下,能力优秀的人会获得更多,能力平庸的人,获得会相对较少。

内在动机激励

王阳明"边务八策"的第六策是"敷恩以激怒",王阳明对此解释说:"臣闻杀敌者,怒也。今师方失利,士气消沮;三边之戍,其死亡者非其父母子弟,则其宗族亲戚也。今诚抚其疮痍,问其疾苦,恤其孤寡,振其空乏,其死者皆无怨尤,则生者自宜感动。然后简其强壮,宣以国恩,喻以虏仇,明以天伦,激以大义;悬赏以鼓其勇,暴恶以深其怒;痛心疾首,日夜淬砺;务与之俱杀父兄之仇,以报朝廷之德。则我之兵势日张,士气日奋,而区区丑虏有不足破者矣。"

我们可以看出王阳明激励人才、留住人才的一条策略,那就是关怀员工,激励员工的"内在动机",用王阳明的话说就是"简其强壮,宣以国恩,喻以虏仇,明以天伦,激以大义",这些都是在激励员工的内在动机。那么,什么是"内在动机激励"呢?

有这样一个故事。老人在海边的沙滩上搭了一幢房子,沙滩上玩耍的小孩来捣乱,他们捡起石头往老人的房子上扔。老人打开门发怒,孩子们觉得很有趣,就扔得更起劲。后来老人想了一个办法,老人招来所有的孩子,给每个人一块钱作为扔石头的奖励,孩子们都很开心。第二天老人只给孩子们每人五毛钱。马上就有人说:"五毛钱也太少了吧,明天我不想来了。"到了第三天,老人没有再给孩子们钱了。马上有人说:"不给钱,谁扔石头。"到了第四天,就没有小孩来扔石头了。

这个故事中,老人用奖励的办法修改了孩子们扔石头的内在动机。最后,连孩子们自己都以为是为了奖励去扔石头的。我们在激励员工的过程中,也有可能无意识地破坏了员工的内在动机。对人员激励包括四种方式:金钱报酬、成长机会、肯定与赞赏和内在的满足（如图4-9所示）。企业管理者需要合理使用这四种激励方式，并将之有效组合来达到人员激励的目的。

金钱报酬	成长机会
➤ 高薪 ➤ 分红 ➤ 奖金 ➤ 福利	➤ 晋升 ➤ 培训
肯定与赞赏	内在的满足
➤ 上级的肯定 ➤ 同事的肯定 ➤ 社会的肯定	➤ 有趣性 ➤ 挑战性 ➤ 创造性 ➤ 责任感 ➤ 使命感

图4-9　激励的四种方式

一、金钱报酬

金钱报酬是大部分企业激励员工的主要手段，但是金钱能够激励员工的有效时间是非常有限的。有专业调查显示，年终奖激励员工的有效时间一般为两周左右。员工获得金钱奖励之后，一般会将之合理化，认为这是凭自己本事赚的钱，自己干的活本来就应得这么多钱。

二、成长机会

晋升也是企业激励员工的主要手段，但是晋升的激励效果也是有限的，并且有可能给企业带来较大的管理难题。企业过度采用晋升的方法激励员工，会导致管理层臃肿，管理人员人浮于事。

三、肯定与赞赏

在企业中，我们更多会听到对员工的批评，企业管理者较少对员工肯定与赞赏。其实肯定与赞赏的激励作用非常大，有时，简单的"非常棒""好样的"一类表扬就可以激励员工不断努力工作、不断奋斗。

四、内在的满足

内在的满足是一个人工作的内在动机。这种内在动机可能是工作的有趣性、挑战性或创造性带来的，也可能是工作本身的责任感和使命感带来的，总之，员工做这份工作会感到内在的满足。管理者要做的，就是不断让员工感觉到工作的有趣性和挑战性，激发员工的责任感和使命感。

这四种激励方式中，金钱报酬、成长机会、肯定与赞赏三种方式是外在激励，内在的满足是推动员工工作的内在动机。外在的激励是企业必不可少的激励手段，但使用不当可能破坏员工的内在动机。比如，过度强调奖金，有可能使企业陷入"唯利是图"的怪圈；过分强调晋升，会导致组织管理层臃肿；过度肯定与赞赏员工，会导致员工自我膨胀。作为管理者，要更加善于采用第三种和第四种激励方式，当然，这并不是说就要抛弃第一种和第二种方式，金钱和晋升是激励员工的根本。在激励员工的过程中，要更加合理地应用激励方式，多肯定和赞赏员工并不断激发员工的内在动机，使员工的内在动机获得满足，这才是良性的人才管理方式。

【案例与思考】

京东：如何培训员工

  移动互联网时代该如何利用互联网思维开创人才培养新模式？早期京东用60%或更多的时间为管理者服务，开发他们喜欢的课程，后来把更多的时间、精力放到了员工上。这要求京东对员工的服务必须接地气，否则员工不买账，培训工作就没有价值。2014年，京东有6万多名员工，上千名的中高层管理者，培训800名经理就用了4个月的时间，费时费力，有时受训者还没空参加。所以，需要重新思考：第一，一定要开发课程吗？第二，一定要上课培训吗？第三，如何让学习变得简单、快乐？

  京东的做法是把培训当产品做，即所有员工相对培训部开发的培训产品而言都是消费者。如果某门课程只能由某个老师讲，这门课程就不成为一个产品。产品是可以由任何可胜任的老师去讲，质量稳定，传播范围更广。最关键是客户（学员）和客户的领导是否认可课程。

  京东在内部调研时发现，公司专业人才的50%想成为管理者。但靠技术驱动未来的京东需要更多安心做技术的人才。问到为什么要成为管理者，回答通常是："成为管理者才有更多的话语权。"再问："你们愿意做审批吗？愿意开各种会议吗？"回答："不愿意，我就想让别人听我的意见。"这就太简单了，这就是痛点。于是，京东的培训围绕他们做了一些让人"尖叫"的产品,主要做到两点:给他们更大的舞台和更多展现的机会;让领导和员工都认识他们,让他们说话有人听。

京东基于此做了两个产品,一个是京东TALK,一个是京东TV。京东TALK就是模仿演讲秀模式,一个铺着红地毯的舞台和两块显示屏,一块显示倒计时(18分钟),另一块用来放PPT。这个舞台只允许专业人士上来,管理者一律免来。京东第一次请了一位曾经研究无人机的博士程序员来演讲,他讲了自己的项目——"虚拟试衣"。讲完之后,他立刻就"火"了,成了公司的名人。

京东一线员工(配送、仓储、分拣、客服)的痛点在哪儿?

京东调研后发现了四大痛点。第一个痛点是学历低,大部分人是高中学历;第二个痛点是没有空调,工作环境、学习环境较差;第三个痛点是没有时间,工作压力大;第四个痛点是没有茶歇时间。

据此,京东尝试用开放大学的模式,让一线员工提升学历,有机会鱼跃龙门;改善硬件设施,改善学习环境;开发微信产品,让一线员工可在手机上随时进行碎片化学习;总部和一线员工同样标准,每天配人均8元的茶歇。

京东还有一个产品"专业脱口秀"。请公司内一位能说善道的85后员工围绕业务以脱口秀的形式每周推出一档节目,介绍业务的趋势和公司的变化,要讲得有趣。他可以找编辑,也可以自编自演,每个月给他一定的课程开发费。这样的方式可更快速地推动公司内部知识的传递。

京东TV是通过内部视频培训。源自"老刘有话说",公司将刘强东的演讲视频,按主题切分成10分钟左右的片段播出,反响很好。于是尝试做一个项目"快手酷拍"，鼓励配送员用闲暇时间，用手机把工作中的重点记录下来，自编自拍自传，通过海报邮件造势，再加之超值大奖激励，拉票赚人气和围观投票。

京东通过建立一种学习生态系统，让学员自动自发地学习以提升能力。京东设计了"京东年级"项目，用一种显性且易操作的方式鉴别员工的成长与价值。

京东尝试搭建了一个"灯笼模型"，底座是E—Learning，把它做成每个岗位、每个层级必修课程的平台，且考试都包含在内；中间灯笼身是动态知识库，包括京东TV、京东论坛、各部门的知识库，形成共享平台；灯笼顶部代表挖掘，主要由内外部专家承担相关工作。基于业务部门需要，形成知识列表，其实就形成了课程开发的初步蓝本。如果没有这个蓝本，很多课程开发就都是原创，有了这个蓝本就是二次开发，相对更简单，用时更短，这样就形成搜集、挖掘和应用的循环过程。

现在智能终端设备越来越多，会推动培训越来越快地从学习领域发展到绩效领域。培训能不能帮到绩效，培训工作者能不能做到用智能的系统做推送，使人更轻松地工作，将决定人力资源工作的价值。

思考：

1. 传统培训是要改变A（态度）和S（技能），互联网时代是否应做调整？

2. 我们该如何做"互联网+培训"的创新？如何使培训更加符合互联网的模式？

第五章
向王阳明学市场营销

【 提　要 】

希望读者通过对本章的阅读能够从王阳明的身上学习到市场营销的核心要点。

● 市场调研的方式方法

● 差异化市场定位

● 市场竞争博弈技巧

第一节　市场调查

通过对本小节的学习，我们能够了解到王阳明收集信息的方式方法，这对市场调研具有借鉴意义。

【阳明先生语】

知之真切笃实处，即是行；行之明觉精察处，即是知。

信息是确定策略的基础

王阳明的"知行观"是"知之真切笃实处，即是行；行之明觉精察处，即是知。"要做到知之真切笃实，行之明觉精察，首先要对信息掌握透彻。王阳明带兵打仗的过程中，非常重视信息的收集和分析，《王阳明巡抚南赣和江西事辑》中记录了王阳明收集信息的故事。

正德十一年（1516年）九月，王阳明被朝廷任命为都察院左佥都御史巡抚南赣、汀漳等处。江西、福建、广东、湖广等地不断出现盗贼之乱，朝廷曾多次派遣重臣前去征讨，但还是

第五章 向王阳明学市场营销

每隔五六年就发生一次大乱,朝廷兵马疲于奔命。王阳明此去主要是整治南赣各地兵乱不止的局面。

王阳明深入研究了当时的情况,觉得这些地方不断有盗贼之乱,一是因为地方吏治腐败,激化了矛盾;二是由于当地的兵马调遣制度不力;三是由于平乱后的处理措施考虑得不够深远。王阳明首先对地形做了解,了解到盗贼盘踞的地区是各省交汇之处,山谷狭隘,森林茂密。这样,他心中就有了从作战方略到战后处理的总体谋划。一到任,王阳明就给地方各级发了一个文件,主要说明自己初来乍到,短时间内不能全盘了解情况,要求各级地方官员分别了解各自的情况并汇报上来。为了使信息能够详尽地反映当地实际情况,王阳明还列举了一系列问题,比如各处的城墙关隘是否牢固?各地军队是否一直在操练?哪些地方盗贼特别猖獗,该如何剿灭?哪些地方盗贼已经退去,如何做善后措施?哪里有空闲的田地可以屯兵,让部队自行种地解决军粮问题?哪里需要添加堡垒和营寨以断绝盗贼的往来路线?哪里有虚浮的费用可以节省下来做军费?他还特别要求地方官员画出山川道路地图。可见王阳明已经谋略在胸,积极做好了各项军事准备工作。

王阳明在调查中发现,以往官府屡次征讨而盗贼不能肃清,是因为山上的盗贼常常派探子下山混杂到城乡百姓中打听情况,城乡百姓也有暗中与盗贼串通的人,往往官兵还没行动,山上早就知道情况了。为此,王阳明实行了一种户籍登记与查验制度,叫作"十家牌法",并由城镇推广到乡村。

知己知彼，百战不殆

王阳明巡抚南赣时，知道官府中有不少人是盗贼的耳目，于是责问年老狡猾的仆役，仆役不敢隐瞒，如实坦白。王阳明赦免了他们的罪过，让他们侦探叛军的情报。王阳明掌握了盗贼的情况，随后传檄福建、广东会兵一处，首先讨伐大帽山的盗贼。王阳明知己知彼，终能屡战屡胜。

正德十四年（1519年），宁王朱宸濠发动叛乱。王阳明平定盗贼后兵符已上交兵部，手中无兵。江西境内的朝廷官吏都来帮助王阳明，在袁州（今江西宜春）聚集各府县士兵，征调军粮、制造兵械船只。王阳明假装传檄各地至江西勤王，在南昌到处张贴假檄迷惑朱宸濠。为争取时间集结军队，王阳明写蜡书让朱宸濠的伪相李士实、刘养正劝朱宸濠发兵攻打南京，又故意泄露给朱宸濠。李、刘二人果然劝朱宸濠进兵南京，宸濠大疑，按兵不动。过了十多天，勤王兵未至，朱宸濠发觉被骗，带兵攻下九江、南康，后攻打安庆受挫。此时王阳明大军已集结完毕。朱宸濠精锐都前往安庆，留守南昌的兵力不足，王阳明率兵攻打南昌，朱宸濠回兵救南昌。双方在鄱阳湖决战，经过三天的激战，朱宸濠战败被俘，宁王叛乱历时35天宣告结束。

两次平叛的胜利，都显示了信息对战争的重要性，只有更好地掌握信息，才能更好地克敌制胜。

调查需要刨根究底

有观点认为市场调查没有用,因为消费者根本不会告诉你他想要什么。

打开很多调查报告,我们看到的是:

你的用户60%是男性;

你的品牌美誉度70%;

你的品牌知名度36%;

80%的消费者表示自己很看重性价比……

说到调查,大部分人想到的第一个词就是"数据"。许多营销专业人士都很认同一种观念,营销调研寻求的是一些准确的、被证实的数据,这是关于营销调研的传统观念。所以,大部分时候,当我们想要调查时,我们所做的工作就是在预算范围内尽可能地广泛收集数据,获取大量样本,使用最新的统计方法,提供大量的分析报告。对这种包括大量数据的报告,打开封面的那一秒你会非常期待(瞧瞧我们这几个月收获了什么),接着就会愁云满布,搞不懂看到的内容到底有什么意义,然后就会想着改天再看。这份数据报告最终会变成无人问津的摆设。

广泛地收集数据,目的就是要证实一个观点,如果只是盲目地看看"我们有多少北上广消费者""我们有多少女性消费者",实际上得不到想要的洞察。大部分时候,并不是调查本身没有用,而是大部分人使用了错误的方法,这就像军队情报机构收集了垃圾情报，并不是因为情报工作没价值，而是因为收集情报的方法有问题。

那么，市场调查要如何做呢？我们来看看王阳明的做法。如前文所述，王阳明一到任就给地方各级发文件，要求各级地方官员了解各自的情况并汇报上来，为了使信息能够详尽地反映各地实际情况，他还列举了一系列问题。可见，王阳明的调查不是寻求泛泛的"数据"，而是非常细致地刨根究底。

通过这些问题，王阳明洞察，以往官府屡次征讨盗贼而不能肃清的重要原因是山上的盗贼与城乡百姓暗中串通，所以往往官兵还没行动，山上就知道情况了。对这个调查结果王阳明以"十家牌法"应对。

在市场调研中，观察消费过程，还原消费场景，了解消费特点，往往很多时候，得到的答案只是问题的表象，我们要学会刨根究底地问问题才能看到问题的本质。

比如，经销商的业绩下滑，我们去做调研。我们可能会向经销商提问："这几个月业绩怎么出现下滑了呢？"经销商回答："现在经济大环境不好，顾客需求不足。"如果问题到此为止，就不能找到问题的根源。继续发问："据我所知，竞争品牌销量还是在增长。""嗯，他们最近搞了几个促销活动。"经销商如是说。"那么，如果我们也搞活动，业绩是不是就会增长呢？"经销商说："还是要看团队的推动力……"

只有刨根究底地问问题，进行深入调研，才能找到问题的根源，才能找到问题的解决办法。

第二节　市场定位

通过对本小节的学习，我们将了解王阳明开宗立派的方法，这对把握市场定位具有借鉴意义。

【阳明先生语】

或问："释氏亦务养心，然要之不可以治天下。何也？"先生曰："吾儒养心，未尝离却事物，只顺其天则自然，就是功夫。释氏却要尽绝事物，把心看到幻相，渐入虚寂去了，与世间若无些子交涉，所以不可治天下。"

树立一面差异化旗帜

宋明大儒常有开宗立派，教学育人的情结，朱熹如此，陆九渊如此，湛若水如此，王阳明亦如此。当程朱理学昌盛，科举考试都以程朱理学为主要考试内容时，王阳明何以能开宗立派，异军突起呢？这得益于他的市场细分，差异化定位之路。

王阳明将佛、儒两家学说进行比较，认为佛家执着于

"相"并对此提出批判，对早已官方化、八股化的程朱理学深感不满，称其"言益详，道益晦，析理益精，学益支离"。王阳明想将真正的圣贤之学发扬光大，他收徒讲学，力劝年轻士子不要沉溺于辞章记诵，应该先树立"必为圣贤"之志，然后致力于真正具有精神价值的"身心之学"。

朱熹主张"格物致知"，认为天理存在于万事万物当中，只要坚持不断地"格究"万事万物的道理自然能踏上圣人之路。王阳明对此不认同，他提出"心即理"，认为每个人的内心即是"天理"，只是被私欲隔断和遮蔽了，只要去私欲，就能够进入圣境。

陆九渊与朱熹同为南宋大儒，朱熹是理学的集大成者，陆九渊是心学的开山掌门。"宇宙便是吾心，吾心即是宇宙"，这句话就是陆九渊开山立派的思想宗旨。曾有友人问王阳明："象山论学与晦庵大有同异，先生尝称象山'于学问头脑处见的直截分明'。今观象山之论，却有谓学有讲明，有践履，及以致知格物为讲明之事，乃与晦庵之说无异，而与先生知行合一之说，反有不同，何也？"虽然王阳明极力称赞陆九渊的学说，但其友人却认为陆九渊和朱熹在"格物致知"的解释方面是相同的，二人体现的都是"主知功夫"，故而提出的是"知行二分"说，而王阳明对"格物致知"的解释与二人不同，提出了"知行合一"说。

王阳明心学能够自成一派，日益生辉正在于王阳明能够集众多理论派别之长，去其短，形成差异化定位，形成自己独创的理论体系。

在商业管理中，差异化定位指为使企业产品、服务、企业形象等与竞争对手有明显区别，以获得竞争优势采取的战略。这种战略侧重独特的产品和服务，可以培养用户对品牌的忠诚。

开宗立派：开创品类成第一

王阳明开创阳明心学宗派，提出了一套心学理论体系，并且占据了这个"品类"第一的位置，把"定位"深深扎根进大众的心智模式中。大多数人都知道登上月球的第一人是阿姆斯特朗，却很少有人关注第二个、第三个登上月球的人。"第一"永远是舞台上镁光灯下的焦点，满载着划时代的胜利与荣耀，被载入辉煌的篇章，深深地印在人们的脑海当中，跟随者则少有人问津。

在市场营销中，"开创品类成第一"是一个商业制胜的重要策略。人们更容易记住某个行业或者某个品类的第一品牌。我们谈到凉茶，马上会想到王老吉；谈到智能手机，马上会想到苹果手机；谈到天然水，马上会想到农夫山泉。这些品牌都成为一个品类的开创者，成了新品类的代名词。

品类，简单说就是商品的分类，一个小分类代表一种消费者需求。例如，家乐福超市的分类中，碗碟被定义为"消费者用于盛放食物的器皿"，它的小分类是先分为碗碟，再细分为陶碗碟、瓷碗碟、玻璃碗碟、不锈钢碗碟、木制碗碟等。品类创新的机会，就在这些细分品类当中。当年"小霸王"把电脑的打字功能单独拿出来，开发出一个电脑学习机市场，开创了一个"学习机"品类。

通过开创品类使品牌快速崛起的案例数不胜数。王老吉本来是药店里面销售的"降火"药,策划团队通过改变包装,改变诉求,把它变成了凉茶饮料,使它率先成为饮料里面凉茶品类的"老大"品牌,销量激增。牛奶本来是喝的,改为干吃,就诞生了可以嚼着吃的奶片,从而开创了奶片新品类。水果本来是咬着吃的,变成可以喝的,就产生了果汁饮料品类。思念公司把汤圆缩小,推出仅3.5克重的小汤圆,开创了珍珠汤圆品类,掀起了一轮销售高潮。紫菜添加配料做成零食叫作"海苔",波力海苔、美好时光海苔成为该品类的代表。奶茶店风靡时,一家食品企业进行标准化操作,将其引入工厂,推出杯装奶茶,成就了一个新兴的奶茶品牌——香飘飘。

如果没有品类创新,就没有这些品牌像旭日一般升起的精彩;如果没有品类创新,黑马企业就无法创造让人们念念不忘的传奇。定位论专家阿尔·里斯说:"进化是世界上最强大的力量,每个品类都会分化成两个或更多的品类,为市场营销提供无穷机会。"[1] 品类分化是品类战略背后真正的动力,新品类经常会"杀死"旧品类或使其退出主流。

品类创新的三种方法

品类创新是在原有的产品类别中或在其周边开辟一个新的领域,然后命名这个领域,将其作为一个新品类来经营,并把

---

[1] 转引:詹志方.营销思维脑扫描[M].北京:北京大学出版社,2012:183.

自己的产品作为这个新品类的第一个产品来经营。品类可以通过细分、升级和创造三种方式进行创新。"碗碟"在家乐福超市是一个品类，这个品类下细分出"陶碗碟"和"瓷碗碟"，这是品类的细分创新。品类也可以进行升级创新，比如"不锈钢碗碟"就是"钢碗碟"的品类升级。品类还可以创造，比如在乳制品行业中，乳酸菌就是创造出来的新品类，区别于牛奶产品。（如图5-1所示）

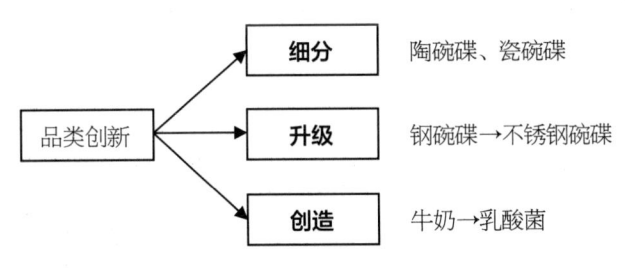

图5-1 品类创新的三种方法

一、细分

品类细分是品类创新的一种常规方法，就像前面提及的"碗碟"细分为"陶碗碟"和"瓷碗碟"一样，还可以继续细分下去，比如"玻璃碗碟""塑料碗碟"。通过品类细分方式细分出来的新品类和老品类是一种并列关系。比如A品牌在"陶碗碟"品类已经做得很好了，并且"陶碗碟"竞争激烈，那么B品牌要想打出自己的品牌，就要想办法细分一个新的品类，比如可以做一个"塑料碗碟"品类。

农夫山泉的成功在于其细分品类。以前市场上只卖经过加工和净化的纯净水，后来人们认识到，纯净水虽然干净，但缺少矿物质，不利于健康，于是市场上创新出一个新的品类——矿物质水，在纯净水里面添加矿物质。但即使这样加工处理，仍然没有纯天然的水自然和健康，于是农夫山泉继续细分品类，打出"天然水"这张牌并获得成功。

二、升级

品类的升级是一种"借势"策略，是在老品类基础上的一种创新。升级品类与老品类之间并非并列关系，而是递进关系。比如"钢刀"与"不锈钢刀"，新品类"不锈钢刀"是在"钢刀"上的升级，新品类的利益点试图取代老品类的利益点。

升级的新品类对老品类具有更强的进攻性。因为升级的新品类要和老品类进行比较，通过对比体现新品类的优越性。或者，新品类要展示比老品类更多更大的消费者利益点，从而充分激活新品类的发展。

三、创造

创造新品类要打破产品功能界限、打破目标消费群界限、打破使用方法界限、打破使用场合和使用时间界限、打破渠道界限、打破价格界限、打破促销界限、打破营销组合方式界限等并实现跨界创新。好丽友秉承"变化，时刻比竞争对手先迈一步"的理念，率先占领"派"这个品类，主推巧克力派。后来者达利食品，在"派"的概念中为自己创造了一个分支——蛋黄派，达利从此走向全国市场。

品类的创造，很多时候都是通过跨界融合实现的。维生素C按传统分类方法理所应当划归为药品，"果维康VC含片"被创造性地作为功能性食品来营销，走时尚化路线，取得了成功。再比如水果糖，普通水果糖有橙味的、草莓味的、葡萄味的、香蕉味的、柚子味的等，各种口味几乎已经被开发尽了，把糖果与维生素进行融合，就产生了维生素糖果新品类。

第三节　市场博弈

通过对本小节的学习，我们将了解王阳明的战争博弈思想，这对市场中的竞争博弈具有借鉴意义。

【阳明先生语】

臣闻之兵法曰："将欲取之，必固与之"；又曰："佯北勿从，饵兵勿食"，皆捐小全大之谓也。今虏势方张，我若按兵不动，彼必出锐以挑战；挑战不已，则必设诈以致师，或捐弃牛马而伪逃，或掩匿精悍以示弱，或诈溃而埋伏，或潜军而请和，是皆诱我以利也。信而从之，则堕其计矣。然今边关守帅，人各有心；虏情虚实，事难卒辩。当其挑诱之时，畜而不应，未免必有剽掠之虞。一以为当救，一以为可邀，从之，则必陷于危亡之地；不从，则又惧于坐视之诛。此王师之所以奔逐疲劳，损失威重，而丑虏之所以得志也。今若咨其操纵，许以便宜；其纵之也，不以其坐视；其捐之也，不以为失机。养威为愤，惟欲责以大成；而小小挫失，皆置不问。则我师常逸而兵威无损，此诚胜败存亡之机也。

捐小以全大

在王阳明用兵如神的谋略里面,有非常重要的一个理念——捐小以全大,就是一种大局观,放下小的得失而谋取整个格局的胜利。他给朝廷的《陈言边务疏》中如是说:"臣闻之兵法曰:'将欲取之,必固与之',又曰:'佯北勿从,饵兵勿食',皆捐小全大之谓也。"

捐小以全大,商业行为中体现为合理的战略资源配置,以获得最大化的市场效益。企业的资源是有限的,所以我们要聚焦优势资源,攻破最薄冰层。"田忌赛马"是历史上经典的竞争博弈故事,可以用它来解释捐小以全大的道理,如果和竞争对手做相同的战略资源配置,用"上等马"对抗竞争对手的"上等马",用"中等马"对抗竞争对手的"中等马",用"下等马"对抗竞争对手的"下等马",在竞争对手明显强过我方的情况之下,我方的资源会被竞争对手逐渐消耗掉,最终的结果可想而知——我方必败。(如图5-2所示)

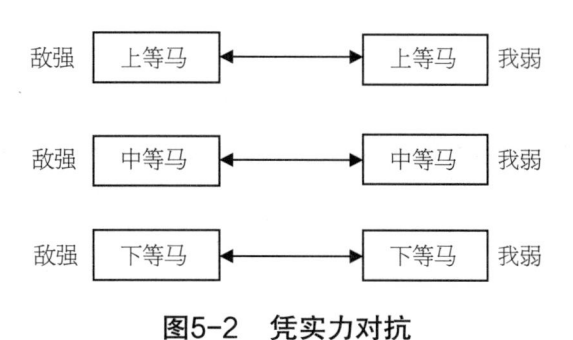

敌强 上等马 ←→ 上等马 我弱

敌强 中等马 ←→ 中等马 我弱

敌强 下等马 ←→ 下等马 我弱

图5-2 凭实力对抗

采用捐小以全大的方法，就是将我方有限的资源集中于战略机会点上进行饱和攻击，而不在非战略机会点上耗费资源。那么，竞争对手的"上等马"就不是我方的机会点，就不要耗费资源，反而用"下等马"与之比赛；竞争对手的"中等马"是我方的机会点，就用"上等马"与之比赛；竞争对手的"下等马"，用"中等马"与之比赛，最后三局两胜，我方以弱胜强。这也是王阳明总能以少胜多，以弱胜强的逻辑所在。（如图5-3所示）

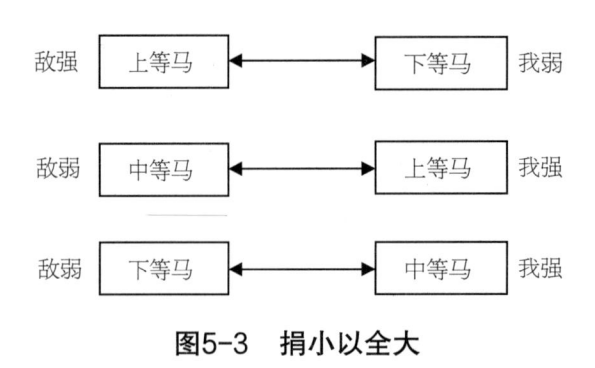

敌强	上等马	←→	下等马	我弱
敌弱	中等马	←→	上等马	我强
敌弱	下等马	←→	中等马	我强

图5-3　捐小以全大

华为任正非曾经表示，要敢于在战略机会窗开启的时期，聚集力量密集投资，饱和攻击。扑上去，撕开它，纵深发展，横向扩张。战略的目的，就是高水平地把管道平台做大做强。简单来说，华为的战略就是考虑全局，捐小以全大，放弃非战略机会点，聚焦资源攻破最薄冰层。面对市场机会的时候，要"快""准""狠"，即行动速度要"快"，目标要"准"，投入要"狠"。

虚实结合

关于王阳明有这样一则故事。

王阳明赴任赣州路经江西万安时,突遇数百流寇抢劫商船,王阳明等人的行程也因此受阻。于是,王阳明集结数十只商船,扬旗擂鼓造声势。此举大大震慑了流寇,他们立于河道两旁,俯首参拜王阳明,同时高呼:"我等皆是饥饿流民,恳请大人救济。"闻此,王阳明立即派人离船登岸,安抚众人:"本官深知尔等饥寒交困,待本官抵达赣州后,立刻派人前来救济。今时,尔等务必马上解散,回乡以待上命。倘若尔等再敢乘机结党抢掠百姓,本官定不轻饶。"众人听了王阳明之言,均感服不已,随即各自散去。

《孙子兵法》有云"兵者,诡道也",王阳明此举可谓深谙此道。王阳明对贼匪是先感其心,后抚其身。如果先行镇压,贼人肯定不会心服。此时,王阳明身处匪患之地,如果下属被敌方笼络收买,他随时有性命之忧。古人说,虚则实之,实则虚之,虚实结合,出奇制胜。虚实是一个重要的概念,它的含义十分广泛,一般而言,无者为虚,有者为实,虚指兵力分散薄弱,实指兵力集中强大。

对企业管理者而言,掌握虚实谋略是至关重要的,管理者能不能避实击虚是竞争成败的关键。在企业的范畴、市场的范畴,虚与实是相对的表达,虚主要指情感、思想、精神及文化层面,看不见、摸不着,比如口碑、影响力,对产品而言,无形的服务类产品也为虚。反之,实指看得见、摸得着的物质,比如吃的食物、用的电脑、喝水的杯子,对产品而言,有形可触摸的产品为实。从某个角度而言,世界就是由虚实两部分构成的,因此企业要巧妙利用、掌握甚至创造虚实的变化,为无形的虚增加有形的实的内容,为有形的实赋予无形的虚的价值与内涵。

要在竞争中克敌制胜,企业可从虚实模式入手,善用化实为虚、化虚为实及虚实结合的方法,创造更高的企业价值。但是必须有这个"实",就是踏踏实实的"实",企业的产品品质得"实",公司的结构和基本功得"实",有了"实"再去做"虚"的事情。

瞒天过海

先来看看王阳明的这样一段经历。

正德十二年(1517年),王阳明在征剿横水、左溪贼巢成功后,各营官兵皆请求乘胜追击,一举攻克桶冈。王阳明认为强攻桶冈的客主观条件都不具备:第一,桶冈占据天险,"四面青壁万仞,中盘百余里,连峰参天,深林绝谷,不睹日月";第二,通往桶冈的五条道路,皆架栈梯壑,可谓"一夫当关,万夫莫开";第三,横水、左溪余贼都奔入其中,"同难合势,为守必力";第四,以长途奔袭之师,攻以逸待劳之敌,必为强弩之末。

于是,王阳明使用瞒天过海之计。移屯近地,休兵养锐,振扬威声，遣素与贼相识者李正岩、刘福泰、钟景三人入"索匙龙"招降。贼因军事压力感到恐慌，见朝廷招降，乃召集众人商量，往复迟疑，不暇为备。为进一步扰乱敌方注意力，王阳明派县丞舒富率数百人屯"索匙龙"，促使贼人出降。同时，王阳明暗中遣邢珣入"茶坑"，伍文定入"西山界"，唐淳入"十八磊"，张戬入"葫芦洞"，冒雨迅速攻克桶冈天险。

瞒天过海，就是一而再、再而三地用伪装的手段迷惑对方，使对方放松戒备，然后突然行动，从而达到取胜的目的。

瞒天过海策略决不可以与欺上瞒下、掩耳盗铃或者夜中行窃、僻处谋命等同。瞒天过海这一计的兵法运用是利用人们观察处理世事时由于对某些事情的习见不疑而自觉不自觉产生的疏漏和松懈，施计乘虚示假隐真，把握时机，出奇制胜。

很多时候，在市场博弈中，我们也需要用到瞒天过海的策略。在商业经营中，可以通过制造假象达到目的。但此计的应用要建立在知己知彼和以人为本的基础上，特别是在如今的商战中，损人利己的牟利已经让人嗤之以鼻，商企双赢、经营者和消费者共赢越来越受到重视。

团结一切可团结的人

平定宁王之乱中，在攻占南昌的第二天，王阳明赈恤城内军民，因忧心宗室、郡王、将军中会出现谋反者，所以张贴告示，亲切抚慰、教谕一干人等，让他们安心。告示中说，如果是受宁王胁迫才跟从宁王谋反的，免去死罪，并将对斩杀叛军首脑归顺之人重重有赏。

二十余份布告张贴于城内城外以示军民官吏，之后又在七道城门的内外各处张贴。《告示七门从逆军民》中说明："督府示谕省城七门内外军民杂役人等，除身犯党逆不赦另议外，其原被宁府迫胁，伪授指挥、千、百户、校尉、护卫及南昌前卫一应从乱杂色人役家属在省城者，仰各安居乐业，毋得逃窜；有能寄声父兄子弟改过迁善，擒获首恶，诣军门报捷者，一体论功给赏，逃回报首者，免其本罪。仍仰各地方将前项人役一名名赴合该管门官处开报，今各亲属一名，每日一次打卯，其有收藏军器，许尽数送官，各宜悔过，毋取流亡。"

从王阳明的布告中，我们总能看到王阳明"包容"的思想。对待贼寇，王阳明首先想做的是教化和团结，迫不得已才予以打击消灭。如果总是本着你死我活、消灭对手的心态，很可能会四面树敌，陷入孤立之中。恰恰是能够团结一切可以团结的人，使王阳明获得了巨大的成功。

王阳明第一次平乱中，官兵俘获了一个小贼，将其五花大绑带到王阳明的帐前。经过审问得知，这是桶冈的贼寇派来的奸细。王阳明对小贼说："如今我军士所到之处战无不胜、攻无不克，你也应该很清楚，攻破桶冈只是时间问题。如果你愿意留在我们的队伍中戴罪立功，我可以赦免你的罪过！"小贼听言连忙表示愿意归降。王阳明借机询问了桶冈周围的地理环境，小贼将其所知的信息全盘供出，详细地标示了至桶冈的所有交通要道。由此，王阳明觉得此人是可以留用的，于是留他在帐下供职。

英国科学家做过一个有趣的实验。他们把点燃的蚊香放进一个蚁巢里，蚊香的火光使惊恐的蚂蚁乱作一团，但片刻之后，蚁群变得镇定起来，开始有蚂蚁向火光冲去，并向燃烧的蚊香喷出蚁酸。随即，越来越多的蚂蚁冲向火光并喷出蚁酸。小小的蚂蚁喷出的蚁酸是有限的，因此，许多冲锋的"勇士"牺牲了。但更多的蚂蚁踏着死去蚂蚁的尸身冲向了火光，过了不到一分钟的时间，蚊香的火被扑灭了。

过了一个月，这位科学家又将一支点燃的蜡烛放进了上次的那个蚁巢里。面对更大的火情，蚁群并没有慌乱，而是以自己的方式迅速传递信息，协同作战，不到一分钟烛火即被扑灭，蚂蚁几乎无一死亡。科学家对弱小的蚂蚁面临灭顶之灾时创造的奇迹惊叹不已。

当营销越来越陷入困局的时候，也是营销新时代——资源整合制胜时代到来的时候！产品、人力、策划、财力固然都很重要，但没有一个是充分条件，营销成功最终还是取决于对企业内外部资源的充分挖掘、整合和提升，包括社会关系、行业支持、企业信誉、舆论导向等。我们联合起来就可以战胜一切困难，就像"行军蚁"一样，把阻挡在眼前的一切障碍都消灭掉。

给对手"致命"的打击

王明阳一生寻求做圣人，到了龙场才得以悟道，才领略到真正的心学，也发现以前坚持的程朱理学之道存在太多弊端。

程朱理学对当时的文化思想影响极深，朱子的"粉丝"大军也是十分壮观的。虽然王阳明认为程朱理学弊端很大，但是那些"粉丝"却不相信，当你要反对和攻击他们的"偶像"时，他们必然会找出许多"论据"来反驳，王阳明纠偏时弊的理想恐怕要落空！

王阳明聪明地迂回应对，在《朱子晚年定论》中引述朱熹的书信中，其中显示朱熹对自己的理学说的反思。王阳明抓住了对手的"弱点"，用"竞争对手"自己的话语体系来击败对手。他对那些信奉程朱理学的"粉丝"说："看，你们的偶像自己都对自己的理论感到悔悟了。"这对那些理学"粉丝"简直是致命的打击。找到竞争对手致命的弱点并大肆宣传，从而体现自身优势的策略，在市场博弈中非常有效。

【案例与思考】

农夫山泉：差异化定位

每当看到"农夫山泉"四个字，我的脑海中首先闪现的就是那句出色的广告语"农夫山泉有点甜"。这句广告语是在农夫山泉的一则有趣的电视广告中出现的：一所乡村学校，老师往黑板上写字时，调皮的学生忍不住喝农夫山泉，拧动瓶盖发出的声音让老师很生气，老师说："上课时请不要发出这样的声音。"下课后老师一边喝着农夫山泉，一边称赞道："农夫山泉有点甜。"随着"课堂"广告在中央电视台的播放，"农夫山泉有点甜"飞越千山万水，传遍大江南北，品牌知名度迅速打响。

农夫山泉的水来自千岛湖，完全可以说是甜美的泉水，"农夫山泉有点甜"是卖点。"有点甜"以口感承诺作为诉求差异，说明水源的优质，形成了农夫山泉感性偏好、理性认同的整体策略，同样也使农夫山泉成功地建立了记忆点。

从这则广告不难看出，农夫山泉创造了显著的差异性，建立了自己的个性，当同类产品都在表现卫生、高科技、时尚的时候，农夫山泉不入俗套，独辟蹊径，点到产品的口味，"有点甜"显得与众不同，让电视机前的消费者耳目一新。这样的产品广告是很难让消费者忘记的，一则广告能达到这样的效果，这个产品也就成功了一半。

为什么农夫山泉广告定位于"有点甜"？农夫山泉深入分析纯净水，发现纯净水缺乏人体需要的微量元素，不能满足消费者的需求。这个弱点被农夫山泉抓个正着。农夫山泉高举天然水的大旗，通过"有点甜"向消费者透露这样的信息：农夫山泉才是天然的，健康的。既无污染又含微量元素的天然水，与纯净水价格差又不大，可想而知消费者会怎样选择。

农夫山泉的传播策略极其清晰和简单。概念明确后，就用简单有力的创意来传达：极简的背景，一杯水，水的倒入与更换"人体中的水，每18天更换一次""水的质量决定生命的质量"，真实的千岛湖风景印到农夫山泉的瓶标上，"我们不生产水，我们只是大自然的搬运工"，出乎消费者常规思维，简洁有力且富有内涵。

这次广告与之前农夫山泉一直传播的"水源地建厂，水源地灌装"完美结合，并进行了新的阐释——农夫山泉是健康的天然水，不是生产加工出来的，不是添加人工矿物质生产出来的。差异化策略让农夫山泉和竞争对手拉开了距离。

农夫山泉的广告迎合了消费者对健康和安全的需求，将农夫山泉天然水的产品属性传递给了消费者，使农夫山泉与其他品牌区别开来，树立了农夫山泉良好的企业形象。

思考：

1. 环境污染问题越来越严重，宝贵的自然资源日益稀缺，大家对农夫山泉的水源地战略怎么看？

2. 根据"一阴一阳之谓道"的理念怎样进行市场博弈？

第六章
向王阳明学组织运营管理

【 提 要 】

希望读者通过对本章的阅读能够从王阳明的身上学习到组织运营管理的核心要点。

- 组织的设计
- 组织的有效授权
- 组织的运营管理

第一节　组织设计

通过对本小节的学习，我们将了解王阳明的组织设计方法，这对企业组织设计具有借鉴意义。

【阳明先生语】

习战之方，莫要于行伍；治众之法，莫先于分数。

治众之法在分数

无论是治理军队还是管理民众，王阳明都深知一个道理，就是治众之法在于分数。在管理民众的时候，王阳明提出"十家牌法"，将百姓划分成若干个"小单元"相互监督管理。在治理军队的时候，王阳明颁布《兵符节制》，督促各级将领严肃军纪、加强训练。王阳明提到"习战之方，莫要于行伍；治众之法，莫先于分数。"王阳明所说的"行伍"有其明确的编制，统帅挑选能征善战之人分任各级长官，负责管理士兵，并握有赏罚之权。并且，各级长官将士兵姓名登记造册，名册分别交由各级长官及统帅保管。如此一来，军队的稳定性就得到保障。

王阳明有关组织改革方面的做法有详细记载。

王阳明在平定漳南的山贼后，深深地感到麾下士兵缺乏纪律意识、机动性差。因此，战事一结束他就马上对队伍进行改革。这就是王阳明所号召的队伍的"习战之法"的最初提出。主要内容为：每二十五人编为一个小分队，每个小分队设一个小分队长，即"小甲"。每两个小分队组成一个队伍，设置一个队长，即"总甲"。四个队伍共二百人，组成一个"哨"，配"哨长"一名、军师即"协哨"两名。四百人为一个营，配备"营官"一名，参谋二人。三个营共一千二百人，为一"阵"，每阵设置一名"偏将"。两个阵共二千四百人，合为一军，每军设"副将"。偏将没有固定人员，遇到战事临时设置。小分队长从士兵中择优选拔，队长从小分队长中选拔，哨长从队长中选拔，营官从哨长中提拔并给予丰厚待遇。偏将和副将根据实际需要临时设置，同时也规定，如有事故发生，副将可以问责偏将，偏将向下责罚营官，营官责罚哨长，哨长责罚队长，队长责罚小分队长，小分队长责罚普通士兵。从此就可以"务使上下相维，大小相承，如身之使臂，臂之使指，自然举动其一，治众如寡，庶几有制之兵矣"。到了最顶端，就是王阳明统率全军。

为了加强队伍间的紧密性，每个队伍还分发两块木牌或者竹牌，每五个人一块，上面标记了同一个队伍所有人的姓名，一块交由队长管理，一块保存在巡抚衙门，此为"伍符"。往上的级别也有对应的"哨符""营符"，都是一块交由负责人保管，另外一块保存在巡抚衙门。如果突发紧急战事，这些"符"就发挥相应的效力，既便于调遣部队，又有利于识辨叛徒。

王阳明"治众之法，莫先于分数"的观点源自《孙子兵法》。孙子曰："凡治众如治寡，分数是也。"这句话出自《孙子兵法·兵势篇》，意思是，治理庞大的军队就像治理小部队一样，要把军队按建制编排有序，要把大军划分为若干部队单元，使各个单元步调一致、令行禁止。

关键是要为解决问题、创造增值而管理，不要为了管理而管理；关键是要精兵简政，简化程序，减掉条规，去掉无用功，去除做无用功的职位；关键是管理要以身作则，从上而下把干部管好。有效的企业管理基于科学合理的企业组织。企业组织管理的要求首先是为实现生产管理需要按分工协作的关系适当划分并配置职务和人员；其次是根据职务确定责任和权限的分配，这就是所谓"设官分职，以为民极"。设官分职的每一个职务都应有人负责，每一个职官都应知道向谁负责，又有哪些人向自己负责，上下级之间按层次上报下达，形成指挥链，统一指挥，这就是所谓"分数"。

"分数"指管理层级，"分职"则指管理幅度。事务多可以多分职，平行结构广；管理幅度大可多设层级，梯级管理详细。对一个庞大的团体进行管理首先要进行分级，增加管理层级，缩小管理范围，使之符合有效管理的实际要求。管理层级也不宜过多，否则会影响管理信息的有效传达；管理层级又不能过少，否则会使管理者管理的范围过大，超出管理者能力水平。如果能进行合理的分级，再庞大的团体管理起来也能得心应手，运作自如。管理幅度和管理层级能适合，就能做到治众如治寡。

依靠合理的组织结构，指挥团队就和指挥一两个人一样方便，利用清晰的指挥，操作大型的项目就和操作小项目一样简单。掌握执行节奏，大型团队能够成功运作大规模项目。运作项目雷厉风行，是因为抓住了项目的关键之处。涌动的水能够冲走石头，因为水积蓄了足够的势能；老鹰能够迅雷不及掩耳一下逮住兔子，因为老鹰准确控制了动作。成功的指挥者，有深厚的底蕴积累，并能有效执行。积累如拉弓，执行如放箭，这才能有效实施。面对纷扰的事务，要保持清晰的思路，面对混乱的项目组织，要有力控制。混乱和有序、胆怯与勇敢、弱小和强大总是互相转化的，有序还是混乱取决于规则建设，勇敢还是胆怯取决于实力或底蕴的积累，强大还是弱小取决于执行力的养成。优秀的指挥者能够基于实力创造成功，不是把责任推给属下或别人，而是选择合适的人并恰当发挥其实力，从而将一个庞大的集体划归为几个组合，组合间互相配合，协同运作，发挥最大效用，实现治众如治寡。

分工提升效率

方程式赛车过程中，赛车进站时，工作人员手持千斤顶几乎在车停下的同时将车身撬起，0.3秒卸下4个车轮的螺丝、2.2秒内取下旧轮胎、3.5秒换上新轮胎并拧紧螺丝，换胎同时，1.5秒内加油，共用时6秒。22名维修站工作人员各有分工，且工作环环相扣：1位负责加油管、1位负责灭火器、1位负责加油枪、1位负责加油机、1位负责前千斤顶、1位负责后千斤顶、1位负责赛车前鼻翼受损时必须更换的千斤顶，1位负责检查发动机门的回复机构的高压气瓶、1位负责调整定风翼、1位负责举牌和用无线电与车手联系，还有12位负责换轮胎，每轮3位——1位负责拆螺丝、上螺丝，1位负责拆下旧轮胎，1位负责装新轮胎。

如此专业的配合真是让人叹为观止！大家设想一下，6秒钟给汽车换四个轮胎并加好油，如果没有明确的组织和分工，22个人挤在一起手忙脚乱，那将是何等的混乱和失效！所以，管理效率的提升在于分工。分工是"科学管理之父"泰勒提出来的。泰勒将科学化、标准化引入管理，认为管理的目的就是用科学的分工优化提升工作效率。分工是管理的核心，分工有诸多好处。

第一，标准化。对整体工作进行劳动分工可以让工作标准化。

第二，人员培养。通过劳动分工，形成岗位，每个岗位有明确入门标准，因此可以进行大范围技能培养，岗位补充变得更加容易，从而可让企业快速扩大生产规模，让标准化生产成为可能。

第三，专业提升。当工作人员专注于某项工作，通过日积月累可使专业能力持续提升。专业性持续提升将带动生产效率进一步提升。与此同时，这些工作人员也可以晋升到上一级岗位，这就是职业规划。职业规划给人们带来可以持续提升的安全感。

第四，工作高效。标准化的过程、大规模技能培养和持续专业提升让大规模生产成为可能，工作更加高效。

第五，管理规范。管理工作就是让工作标准化，进行岗位分工，提出上岗标准，优化工作环节并辅导实际工作，可推动工作更高效。培养人员可不断推动其专业水平的提升。

分工能够提升组织管理的效率，但分工必须是科学的。只有每个员工都明确自己的岗位职责，才不会产生推诿、扯皮等不良现象。请看下面这则故事。

一位年轻的炮兵军官上任后，到部队视察操练情况，发现几个部队操练时有一个共同的现象：在操练中，总有一个士兵自始至终站在大炮的炮筒下，纹丝不动。询问原因，得到的答案是：操练条例就是这样规定的。原来，条例遵循的是马拉大炮时代的规则，当时站在炮筒下的士兵的任务是拉住马的缰绳，防止大炮发射的后坐力产生距离偏差，避免再次瞄准。现在的大炮不再需要这一角色了，但条例没有及时调整，于是出现了不拉马的士兵。这位军官的发现使他受到了表彰。

如果公司像一台庞大的机器，那么每名员工都是一个零件，公司是发展的，管理者应当根据实际动态情况对人员数量和分工及时做出相应调整。否则，队伍中就会出现"不拉马的士兵"。队伍中有人滥竽充数，给企业带来的不仅是金钱的损失，还会使其他人员心理不平衡，最终导致公司工作效率整体下降。

组织扁平化

王阳明不但擅长打仗，而且擅长治理。他在每次平叛之后，都非常注重善后治理工作。在平定漳州匪患之后，王阳明将治理重心转为确保该地区的长治久安，王阳明在《添设清平县治疏》中奏请朝廷于河头大洋坡设立清平县。文中写道：

"臣观河头形势,实系两省贼寨咽喉。今象湖、可塘、大伞、箭灌诸巢虽已破荡,而遗孽残党,亦宁无有逃遁山谷者?旧因县治不立,征剿之后,浸复归据旧巢,乱乱相承,皆原于此。今诚于其他开设县治,正所谓抚其背而扼其喉,盗将不解自散,行且化为善良。不然,不过年余,必将复起。其时再举两省之兵,又縻数万之费,图之,已无及矣。"

要彻底解决盗贼问题,王阳明建议将组织扁平化,在匪患之地设立县衙。王阳明认为,我们今天来剿匪,盗匪藏匿山中。明天一走,盗匪又死灰复燃,靠"剿"不能治根本,要靠"治理",将组织功能下移,在匪患之地设县来治理,这其实是现代管理中的组织扁平化思想。

组织扁平化的真正意义在于组织决策重心的不断下移,让组织决策尽可能产生于发生信息的地方,产生在听得见炮火声的地方和人身上。通俗地说,谁手里拿着枪冲锋陷阵,谁就决定应该怎样排兵布阵,如何冲锋杀敌。让对前线战况不清楚的将军指挥战役,必然导致失败。在"让听得见炮火声的人做决策"的思路下,管理上的转型最直接的做法就是组织扁平化。组织扁平化对企业的信息传递效率和保证信息真实性都有非常大的帮助,能使企业对市场需求的变化做出迅速反应,所以,大部分转型企业都会毫不犹豫地选择组织扁平化。

IBM是信息技术领域的"蓝色巨人",但IBM管理层最多时达18层,审批流程过长。据说当时,要将一个箱子从IBM总部的二楼搬到三楼,竟然需要几个月的时间。上级不能越级指挥,下级不能越级请示汇报。搬动一个纸箱,要先打报告,然后经过层层审批,审批报告再层层向下转达,最后交给搬家公司。

而且，经过层层传递，信息会失真、扭曲，被打回重走一遍流程的事情时有发生。直到IBM裁掉一些冗余的部门，减少管理层级，这种状况才有所好转，IBM这只"大象"才重新起舞。

20世纪50年代初，通用电气分为20个事业部和110个部门。随着公司经营业务的迅速增多，20个事业部扩充到了50个，110个部门增加到170个。虽然管理部门的增加一开始有助于推进公司战略，但是机构臃肿逐渐变成累赘。新总裁韦尔奇上任后毫不留情地砍掉了350多个部门，裁员27万人。他还强制性要求从一线员工到他本人之间不得超过5个层级。这样，一下子形成了坚实的扁平结构。面对着竞争激烈的市场，通用电气变得精悍敏捷，在员工减少了31%的同时收入增加了31%。

集团组织扁平化的原则是，让价值流程或业务流程最短化，让职能下移，实现快速决策和快速反应。比如，人力资源、日常物料和零部件采购、物流、仓储、订单管理和计划调度、日常费用报销与成本管控等工作，都可以下移到事业部和分子公司。这样做可以极大简化流程，减少冗余，既改善工作质量，又提高工作效率。在市场需求快速变化，不断出现颠覆式革新的时代，以传统企业管理组织架构守住既得市场份额和客户资源变得越来越困难，组织扁平化势在必行。

第二节　组织授权

通过对本小节的学习，我们能够了解王阳明组织授权的方法，这对组织有效授权管理具有借鉴意义。

【阳明先生语】

人君端拱清穆，六卿分职，天下乃治。心统五官，亦要如此。今眼要视时，心便逐在色上；耳要听时，心便逐在声上。如人君要选官时，便自去坐在吏部；要调军时，便自去坐在兵部。如此，岂唯失却君礼，六卿亦皆不得其职。

有效授权提升自主效率

有效授权对企业管理也十分重要，一名管理者必须明白"治众如治寡"的道理。一个人的精力和能力是有限的，要实现对一个较大规模企业的有效管理，必须通过作为中介的中层。主管者千万不能管得太细，只要抓住总纲或几个部门负责人即可。就像王阳明所说"六卿分职"，如果要选官，君主就亲自去吏部选；要调军，君主就亲自去兵部调，就天下大乱了。日本商业名人松下幸之助认为管理一个大企业，只要管理几个部门负责人即可，其余的事务由这些部门负责人和管理人员分层管理。正因如此，松下公司才得以蒸蒸日上。

有这样一个故事。有一个村庄经常受到附近山上猴子的侵扰，这些猴子晚上下山来祸害庄稼，偷走树上的果子或打烂村子的蓄水缸等。慢慢地，村民发现，只要抓住猴群首领，这群猴子就会散去，在选出新首级之前就不会来骚扰村庄。于是村民就集中力量捕捉捣乱猴群中像是猴王的那只猴子，那只猴子的特征通常是体形健硕，年轻力壮，冲在最前面，闹得最凶。可是有一次，猴子又下山来村子捣乱，村民抓住了几只像是猴王的猴子，可是猴子还是在村子里捣乱，而且它们变得更机警，不再嬉笑打闹，而是目的性很强地寻找食物，一旦得手，马上撤离。猴子出现的时间和频率不固定，行动也非常隐蔽，很多时候，村民发现猴子来偷东西时，猴子已经满载食物离开了，村民无计可施。村里一个樵夫进山砍柴，发现了这群猴子，它们围在一只瘦小的猴子身边，这只小猴子在指挥着它们搬运食物，井井有条，而这只猴子从没有在村庄里出现过。原来，这只瘦小的猴子正是猴群的新首领，它虽然瘦小，也不亲自去偷食物，但是它安排的计划和制定的规矩却让猴子很少被逮到，得到的食物也更多，群猴因此拥护它做猴王。

一个优秀的企业管理者要做的事情很多，正因为要做的事情太多，便往往会深陷其中，迷失在繁杂的事务里，结果是做得越多，效率越低。在纷繁复杂的管理工作中，企业管理者只要把握管理工作中"有效授权"的原则，就可以从企业经营的繁杂事务中跳脱出来，更从容地经营企业。

抓住关键矛盾

正德五年（1510年），王阳明三年贬谪期满，升为庐陵县知县。王阳明发布上任后的第一道告示是要求百姓息讼。原来，庐陵县的民风既淳朴，又强悍，百姓之间只要有点冲突，十有八九要到官府诉讼。虽然诉讼能够解决一些问题，但并不利于调节整个社会风气。王阳明规定，如果百姓有重大事情一定要打官司，只允许诉讼一件事，状纸不能超过两行，每行不能超过三十字，超过者一律不予受理，故意违反者更要处罚。告示发出后，老百姓一片哗然，但王阳明坚持不受理那些不符合规定的官司。他把工作的重心转向完善地方行政机构，慎重选聘里正三老，由他们负责对当地居民进行劝导，从基层开始移风易俗，纯化民风。通过三老的劝导，百姓也从内心真正感受到官府是为他们着想，就不断有人来撤诉。原本堆积如山的案卷逐渐减少，庐陵民风为之一变。王阳明在庐陵县只待了七个月。这七个月里，他一共发布了十六道告示，一举扭转了当地一直未能解决的政事积弊，把庐陵县治理得井然有序。

王阳明治理庐陵的关键就是抓住主要矛盾，重新组织基层的里正三老，也就是通过有效授权提升了组织的自主效率。

管得少就是管得好

杰克·韦尔奇有一句名言："管得少就是管得好。"乍听此言，觉得有些不可思议，可是深入细想，豁然开朗。"管得少"并非说管理被弱化了,而是说管理的效率提升了。要在今天的商业环境中取得成功,组织需要每一个人,包括一线工人和最高管理层的知识、思想、主观能动性以及创造力。优秀的企业应将每一名员工都转变成企业的领导者,使其以主人翁的态度为企业不断创造价值。如何做到这一点?答案就是创造一个充分授权的环境,使所有员工能全身心地投入工作,为组织取得佳绩共同努力。通过有效授权,企业减少了控制,摆脱了依从,领导者从权力的烦恼中走出来,被授权者增加了自主性,感受到了责任感;提高了工作的能动性,增强了自我管理能力,获得了更快的个人成长。有效授权为企业带来了较高的激励水平、高效率的团队和优异的业绩。

很多管理者往往事必躬亲、全责全能,这对企业的快速决策和发展是有好处的。然而,等到企业达到一定规模,管理者就需要逐步退出一些事务性工作,分权授权给下属,建立团队管理和现代公司制度。"授权"比"命令"更重要也更有效。领导者该如何做好授权?其中最重要的就是权力和责任的统一,即在向员工授权时,既定义好相关工作的权限,给予员工足够的信息和支持,也定义好责任,让被授权的员工在获得权限的同时,可以独立负责和彼此负责,这样才不会出现管理上的混乱。也就是说,被授权的员工既有义务主动地、有创造性地处理好自己的工作,并为自己的工作结果负责,也有义务在看到其他团队或个人存在问题时主动指出,帮助其改进工作。

第三节　组织管控

通过对本小节的学习,我们可以了解到王阳明组织管控的方法,这对企业组织管控具有借鉴意义。

【阳明先生语】

本院奉命巡抚是方,惟欲剪除盗贼,安养小民。所限才力短浅,智虑不及;虽挟爱民之心,未有爱民之政;父老子弟,凡可以匡我之不逮,苟有益于民者,皆有以告我,我当商度其可,以次举行。今为此牌,似亦烦劳。尔众中间固多诗书礼义之家,吾亦岂忍以狡诈待尔良民。便欲防奸革弊,以保安尔良善,则又不得不然,父老子弟,其体此意。自今各家务要父慈子孝,兄爱弟敬,夫和妇随,长惠幼顺,小心以奉官法,勤谨以办国课,恭俭以守家业,谦和以处乡里,心要平恕,毋得轻意忿争,事要含忍,毋得辄兴词讼,见善互相劝勉,有恶互相惩戒,务兴礼让之风,以成敦厚之俗。吾愧德政未敷,而徒以言教,父老子弟,其勉体吾意,毋忽!

轮牌人每日仍将告谕省晓各家一番。

十家牌式

某县某坊

某人某籍

某人某籍

某人某籍

某人某籍

某人某籍

某人某籍

某人某籍

某人某籍

某人某籍

某人某籍

右甲尾某人

右甲头某人

此牌就仰同牌十家轮日收掌，每日酉牌时分，持牌到各家，照粉牌查审：某家今夜少某人，往某处，干某事，某日当回；某家今夜多某人，是某姓名，从某处来，干某事；务要审问的确，乃通报各家知会。若事有可疑，即行报官。如或隐蔽，事发，十家同罪。各家牌式：

某县某坊民户某人。

某坊都里长某下，甲首军户则云，某所总旗小旗某下。匠户则云，某里甲下，某色匠。客户则云，原籍某处，某里甲下，某色人，见作何生理，当某处差役，有寄庄田在本县某都，原买某人田，亲征保住人某某。若官户则云，某衙门，某官下，舍人，舍余。

若客户不报写庄田在牌者，日后来告有庄田，皆不准。不报写原籍里甲，即系来历不明；即须查究。

男子几丁

某某项官，见任，致仕，在京听选，或在家。某某处生员，吏典。

某治何生业，成丁，未成丁，或往何处经营。某见当某差役。

某有何技能，或患废疾。

某某某

见在家几丁，若人丁多者，牌许增阔，量添行格填写。

妇女几口

门面屋几间系自己屋，或典赁某人屋。

寄歇客人某人系某处人，到此作何生理，一名名开写浮票写帖，客去则揭票；无则云无。

宽猛相济

在组织管理中，我们是应该"宽"一点好，还是"严"一点好呢？从王阳明的管理学问中，我们可以看到王阳明对盗匪叛贼很多时候是宽容的，他往往能够借那些知错能改的叛贼之力取得胜利。但同时，王阳明又是极其严格的，他制定"十家牌法"的管理制度，赏罚分明，说到做到。这表现出王阳明管理的铁血手腕，表现出他管理"猛"的一面。组织管理应该"宽"还是"猛"，这里大有学问。

《左传·子产论政宽猛》对宽猛有一段论述，子产临终前对可能的继任者大叔传经送宝，说："唯有德者能以宽服民，其次莫如猛。夫火烈，民望而畏之，故鲜死焉。水懦弱，民狎而玩之，则多死焉，故宽难。"但大叔继任之初未能执行子产的政治遗言，不忍"猛"而"宽"，结果造成盗贼四起。仔细琢磨子产的话，他究竟是主张"宽"还是主张"猛"呢？从水和火的比喻来看，他是主张"猛"。但也不能全然定论，子产之所以主张大叔以"猛"治天下，是因为他了解大叔还没有达到以"宽"服民的境界。管理应该"猛"还是"宽"，要具体问题具体分析。

《三国演义》描述刘备入主益州的时候"刑法颇重"，法正认为，刘邦入秦"约法三章"，所以还是应该"宽刑省法"，但诸葛亮不同意，他说："君知其一，未知其二，秦用法暴虐，万民皆怨，故高祖以宽仁得之。今刘璋暗弱，德政不举，威刑不肃，君臣之道，渐以陵替。宠之以位，位极则残，顺之以恩，恩竭则慢。所以至弊，实由于此。吾今威之以法，法行则知恩，限之以爵，爵加则知荣。恩荣并济，上下有节。为汉之道，于斯著矣。"作为杰出的政治家，诸葛亮可谓深知具体问题具体分析的道理。

其身正，不令而行；其身不正，虽令不从。严格管理不等同于以苛刻的制度施压。严格管理首先要形成一套尺度适宜的制度，所谓适合的就是最好的。制度的执行力好不好关键还要看管理者是否能起表率作用。"严"建立在管理有据、考核有序的基础之上，真正做到管理有据、考核有序才能实现管而有效。相反，"宽"并不意味着放任自流，纪律松散，缺乏原则，而是提供一个宽松的平台，让每个人发挥自己的潜力。

管理要做到宽严相济，张弛有度。压迫式的管制只会导致员工思想禁锢，身心疲惫，对企业心生绝望选择离弃。反之，一个企业形同散沙，纪律被肆意践踏，令不行禁不止，则必将垮塌。没有严格的质量控制体系，没有严肃认真的工作态度，没有严谨的工艺流程，"可持续发展"只会是一句空话，员工的幸福又从何而来？因此，从某种意义上说，严也是一种爱。

"人非圣贤，孰能无过"，在管理中纠正错误，不断完善和改进，从而将事业发展壮大，这才是严的目的。严，不是冷酷无情，也不是以罚代管，以惩代教，而是以人为本，从关爱和尊重出发，让每个人认识到严格管理和考核"道是无情却有情"，从而让员工自觉提高遵守纪律、克己自律的思想认识。

发动群众

对组织管理，王阳明还非常擅长发动群众的力量。对土匪的不断侵扰，王阳明日思夜想，终于想出一个好办法，就是推行"十家牌法"。

王阳明的"十家牌法"实际上是发动群众相互监督。群众的力量是强大的，我们一定不能忽视群众的力量。老子说"无为而治"，在某种意义上也是要我们发动群众的力量，创建一个良好的自我运转的机制。很多中小企业在管理上没有做到这一点，很多管理者天天自己到处"救火"，解决公司一个个具体问题，监督管理事事亲力亲为，最后把自己忙得团团转，管理却没有达到效果。这其实就是不懂得发动群众，不懂得在企业管理当中发挥群众的力量。

对企业的监督管理，很多时候要发动群众的力量，让员工相互监督和管理。拥有两万多名员工的A集团，其生产工作过程中一旦有员工违反安全生产操作规程苗头的，小到员工手指贴创可贴都按章罚款当事人2000元，并扣发本车间或部门每人当月奖金200元，措施的严明，使员工相互监督，相互帮助。A集团推行安全生产风险责任制，严格执行事故处理"四不放过"管理程序和安全事故超标一票否决评先评优权，层层签订责任状，全员交纳安全生产风险金，按责任的大小交纳200元到500元，年底根据完成情况实施奖罚，比如某车间按月安全生产满分奖励200万元，车间安全生产出问题就扣分，按10分折扣该车间奖金20万元。员工在生产过程发生事故，再小的问题也要惩处，并按责任分担下去。对年内没有发生任何安全生产事故的员工按交纳的风险金加倍奖励。由于奖罚分明，措施到位，A集团形成了"生命至上，安全第一"的理念，从而创造了连续两年"零事故，零伤害，零损失"的良好记录。

大张声势，布告天下

在组织管理过程中，王阳明还有非常厉害的一招，就是"大张声势，布告天下"。在平定朱宸濠叛乱中，王阳明考虑到宗室、郡王、将军有可能成为内应而生变，便亲自前往慰谕，以安其心。且出告示："督府示谕南昌城七门内外军民杂役人等。除真正造逆者不赦外，其原役宁府被胁迫伪授指挥、较尉等官者，及为乱贼出苦力杂役、家属在省城者，尽可安居乐业，勿得逃窜。父兄子弟有能寄信本犯、迁善改过者，擒获恶徒、诣军门报捷者，一体论功给赏。从贼处逃回投首者，免其本罪。其有收藏军器，许尽数送于官府。各宜悔过，勿徒取灭亡。特示。"

这个告示誊抄了二十余份，传布于城门内外各处，以消解叛军的影响。"大张声势，布告天下"的策略是王阳明在组织管理中经常使用的，为什么它有这么大的作用呢？

美国心理学家曾做过一个实验。在某大学心理学系课上，向学生介绍一位德语老师，说这位德语老师是来自德国的著名化学家。实验中，这位"化学家"煞有其事地拿出一个装有蒸馏水的瓶子，说这是他发明的一种化学物质，有些气味，请在座的学生闻闻是否有气味，有气味就举手，结果多数学生都举起手来。对其实本来没有气味的蒸馏水，为什么多数学生都闻出来气味了呢？这是一种普遍存在的社会心理现象——权威效应，就是说话的人如果地位高，有权威，受人敬重，则其所说的话就容易引起别人的重视，并让人相信其正确性，即"人微言轻，人重言贵"。

同样的道理，在企业团队管理中，作为管理者就应该有自己的权威，该严肃的时候就要严肃，否则下属犯了错误得不到相应的惩罚，领导的话被看成儿戏，时间长了，领导工作就举步维艰了。

威信不高的领导干部开展工作会如逆水行舟，时不时遇到人为的阻力和压力，常常会陷入说话无人听，做事无人跟的尴尬的境地。从一定程度上讲，领导工作就是发挥自身威信所产生的力量的工作，领导艺术就是不断提高自身威信的艺术，不善于树立个人威信的领导很难得到别人的认可，更别说创造优良的业绩了。

领导的一言一行都被下属看在眼里，领导怎么做，下属就喜欢怎么做，领导怎么想，下属就喜欢怎么想，因为领导在下属心中是正确的标志，领导都做了，肯定有一定的道理。因此，领导做得好，在下属心目中就是很好的榜样，做得不好，就成了推脱责任的好人选。作为领导，首先要培养自己的思想魅力，其次要培养自己的人格魅力，再次要养成激情和理性并重的风格。

【案例与思考】

华为：如何避免走进"组织黑洞"

企业会不知不觉走进"组织黑洞"。组织黑洞即组织的三大"顽疾"——惰怠、山头、腐败，类似于宇宙中的"黑洞"，任何接近黑洞的物质与能量都会被瞬间吞没。

战胜组织黑洞的法宝，就是自我批判，华为这么多年来正是这么走过来的。华为的自我批判有非常清晰的方向，就是一切围绕着核心价值观去践行，这个核心价值观就是：以客户为中心，以奋斗者为本，长期坚持艰苦奋斗。一些企业界人士问，为什么我们也有价值观，但是华为能把价值观贯彻执行，我们就做不到？价值观的传承方法等都很重要，但根本是长期坚持自我批判，自我批判的方向就是，不管你是谁，不管是哪个部门，违背了以客户为中心，以奋斗者为本，就是自我批判的对象。

自我批判主要是为了防止组织病变。每个人进入组织时，带来了个性中好的一面，也带来了不好的一面，比如贪婪、懒惰、狭隘、自私，这些东西就得靠不断地自我批判来预防和矫正。华为多年来进行过几次在外部人士看来很激进的变革，华为却风平浪静地进行，而且激起了整个组织的正能量，原因就是华为长期进行自我批判活动，给这个组织的每个机体，每个人传导、奠定了一种心理基础、文化基础。支持变革、参与变革在华为已成为习惯性文化。组织不进行经常性的自我批判，小病很快地就会积成大病，进行大变革时，就会发现到处都是抵抗，变革可能就会失败，甚至注定要失败。

自我批判是组织避免走进黑洞的核心武器，如何用好这个武器则需要企业家的智慧和组织持续不断的开放学习。

思考：
1. 华为关于避免走进组织黑洞的案例给我们带来什么启示？
2. 我们应该如何在组织当中实施自我评判的机制？

【附录一】王学大纲（选编自钱穆《阳明学述要》）

一、良知

讲及王学，最先联想到的是"良知"，"良知"到底是什么？《传习录》说：

> 知善知恶是良知。
>
> 良知是天理之昭明灵觉处，故良知即是天理。

"天理"两字，本是北宋以来理学家最认真探讨的问题，其实"天理"只是分善别恶的一个总名，除却分善别恶，便无天理可见。至于善恶的标准，推及本源，只在人心的自然灵觉处。所以天理只从人心上发，除却人心，便不见天理。那个为天理本源的人心，便叫"良知"。

盖良知只是一个天理自然明觉发见处，只是一个真诚恻怛，便是他本体。

人心真诚恻怛地求生，那生便是天理。一切助长生者都是善，一切摧生者都是恶。人心真诚恻怛地求爱，那爱便是天理。一切助长爱者都是善，一切摧抑爱者都是恶。那一番求生、求爱的心，以自然明觉而发现，那便是良知，良知便是自然明觉，所以明觉的则称天理。若舍掉良知，又何从见天理，何从别善恶。《传习录》说：

> 良知只是个是非之心，是非只是个好恶。只好恶就尽了是非，只是非就尽了万事万变。

这里的是非，便是上文的善恶。是非之心，便是分善别恶之心。一切善恶最后的标准，都是人心之好恶。人们好生恶死，所以助长生者是善，人们称之为是；摧抑生者是恶，人们斥之为非。人们因为好爱恶仇，所以助长爱者是善，人们称之为是；摧抑爱者是恶，人们斥之为非。人又叫一切善为天理，其实那只是人心，只是人心之好恶。从此推演，又定出许多名目。

故致此良知之真诚恻怛以事亲便是孝，致此良知之真诚恻怛以从兄便是弟，致此真知之真诚恻怛以事君便是忠，只是一个良知，一个真诚恻怛。

孝罢、悌罢、忠罢，总只是人心向外的自然流露。因为人心爱如此，所以人们特地为那些事，造了许多好字面，好名目。说他是善的、是好的，称他为孝、悌、忠，尊他为天理，其实只是人们的心好，所以说：

虚灵不昧，众理具而万事出。心外无理，心外无事。

看书不能明，须于心体上用功。凡明不得，行不去，须反在自心上体当即可通。四书五经，不过说这心体，这心体即所谓道。心体明即是道明，更无二，此是为学头脑处。

如此说来，人心即是天理，更不烦有所谓"凑泊"。人心自然能明觉此天理，也不烦有所谓功夫了。宋儒传统大问题获得了一个既简易又直接的答案，就此解决，或可算王学对儒学的最大贡献。

二、知行合一

讲王学除良知外，便要说到"知行合一"。《传习录》记载了徐爱的一段话。

爱因未会先生知行合一之训，与宗贤、惟贤往复辩论，未能决，以问于先生。

先生曰："试举看。"

爱曰："如今人尽有知得父当孝、兄当弟者，却不能孝、不能弟，便是知与行分明是两件。"

先生曰："此已被私欲隔断，不是知行的本体了。未有知而不行者；知而不行，只是未知。圣贤教人知行正是要复那本体，不是着你只恁的便罢。故《大学》指个真知行与人看，说'如好好色，如恶恶臭'。见好色属知，好好色属行，只见那好色时已自好了，不是见了后又立个心去好；闻恶臭属知，恶恶臭属行，只闻那恶臭时已自恶了，不是闻了后别立个心去恶。如鼻塞人虽见恶臭在前，鼻中不曾闻得，便亦不甚恶，亦只是不曾知臭。就是称某人知孝、某人知弟，必是其人已曾行孝、行弟，方可称他知孝、知弟；不成只是晓得说些孝、弟的话，便可称为知孝、弟。又如知痛，必已自痛了方知痛；知寒，必已自寒了；知饥，必已自饥了。知行如何分得开？此便是知行的本体，不曾有私意隔断的。圣人教人必要是如此，方可谓之知；不然，只是不曾知。此却是何等紧切着实的功夫！如今苦苦定要说知行做两个，是什么意？某要说做一个，是什么意？若不知立言宗旨，只管说一个两个，亦有甚用？"

这是阳明论"知行合一"最剀切的一番话。原来知行在本体上本是合一的，知行之不合一，只为有私欲隔了。要恢复那不曾被私欲隔断的本体，便是朱子注《大学》说的：尽夫天理之极，而无一毫人欲之私。

这又是阳明之所以承续宋学大传统的所在。阳明又说：

至善只是此心纯乎天理之极便是。

心即理也，此心无私欲之蔽，即是天理。不须外面添一分。以此纯乎天理之心，发之事父便是孝，发之事君便是忠，发之交友治民便是信与仁，只在此心"去人欲，存天理"上用功便是。

又说：

至善是心之本体，只是明明德到至精至一处便是。

此处所说的"精"与"一"，便是上文讲的"纯"，便是不曾被私欲隔断的心体，那心体的流露便叫天理。只是一段自然流露，而人们强把这说成知、行两字，所以阳明说：

知是行的主意，行是知的功夫；知是行之始，行是知之成。若会得时，只说一个知已自有行在；只说一个行已自有知在。

讲王学的人，只要真认识那些隔断本体的私欲，自然能领会到王阳明所说的"知行合一"的本体。《传习录》还有一段关于黄直的记载。

问知行合一。

先生曰："此须识我立言宗旨。今人学问，只因知、行分作两件，故有一念发动，虽是不善，然却未曾行，便不去禁止。我今说个'知、行合一'，正要人晓得一念发动处，便即是行了；发动处有不善，就将这不善的念克倒了，须要彻根彻底不使哪一念不善潜伏在胸中；此是我立言宗旨。"

三、致良知

讲王学，第三个要让人想到的便是"致良知"。"致良知"即"彻根彻底不使一念不善潜伏胸中"的方法。阳明说：

知是心之本体，心自然会知。见父自然知孝，见兄自然知弟，见孺子入井自然知恻隐：此便是良知，不假外求。若"良知"之发，更无私意障碍即所谓充其恻隐之心；而仁不可胜用矣。然在常人，不能无私意障碍，所以须用"致知格物"之功。胜私复理，即心之"良知"更无障碍，得以充塞流行，便是致良知，知致则意诚。

原来"致良知"只是要此心不为私欲私意所阻碍，只是"要此心纯是天理"。

要此心纯是天理，须就"理"之发见处用功。

"理之发见处"，即所谓"良知"。

尔那一点良知，是尔自家底准则。尔意念着处，他是便知是，非便知非，更瞒他一些不得。尔只要不欺他，实实落落依着他做去，善便存，恶便去，他这里何等稳当快乐。此便是"格物"的真诀，"致知"的实功。

阳明所谓的"知行合一"，岂不就是北宋传下来的一个"敬"字？阳明所谓的"致良知"岂不就是北宋传下来的一个"义"字？但北宋以来所谓的"敬、义夹持"，本来是分成两段的，此刻到阳明手里，便浑化为一了。阳明答聂文蔚书有云：

我此间讲学，却只说个"必有事焉"，不说"勿忘、勿助"。

"必有事焉"者只是时时去"集义"。……其功夫全在"必有事焉"上用,"勿忘、勿助",只就其间提撕警觉而已。……夫"必有事焉"只是"集义","集义"只是"致良知"。说"集义"则一时未见头脑,说"致良知"即当下便有实地步可用工。故区区专说"致良知"。随时就事上致其良知,便是"格物"。

如此说来,自不至于有朱子所谓"即凡天下之物,莫不因其已知之理而益穷之以求至乎其极"这样的弊病。阳明又说:

孟子言必有事焉,则君子之学终身只是"集义"一事。"集义"亦只是致良知。凡谋其力之所不及,而强其知之所不能者,皆不得为致真知,凡学问之功,一则诚,二则伪。

要明得阳明的"良知""知行合一"和"致良知",须得牢记阳明所谓的"精一"和"纯",又须得牢记阳明所谓的"一则诚"之"诚"。所以,讲王学的良知、知行合一和致良知,便不得不讲王学里的"诚意"和"立诚"。

四、诚意

阳明说:

"诚意"之说,自是圣门教人用功第一义。

又云:

仆近时与朋友论学,惟说"立诚"二字。杀人须就咽喉上着刀,吾人为学当从心髓入微处用力,自然笃实光辉。虽私欲之萌,真是红炉,点雪。天下之大本立矣。

他时又说:

惟天下之至诚,然后能立天下之大本。

刘宗周云:

诚无为,便是心髓入微处,良知即从此发窍者,故谓之立天下之大本。看来良知犹是第二义也。

明得此意,又何容后世伪良知的出现。《传习录》上还有一段黄直记录的王阳明的话：

　　人但得好善如好好色，恶恶如恶恶臭，便是圣人。……此个功夫着实是难。如一念虽知好善、恶恶，然不知不觉，又夹杂去了。才有夹杂，便不是好善如好好色、恶恶如恶恶臭的心。善能实实的好，是无一念不善矣；恶能实实的恶，是无念及恶矣。如何不是圣人？故圣人之学，只是一诚而已。

　　阳明常把"如好好色、如恶恶臭"来指点知行的本体，可见知行本体实只是一个"诚"字，诚意之极，知行自见合一，便是真能好恶的良知。阳明自己说：

　　以诚意为主，即不须添"敬"字，所以提出诚意来说，正是学问大头脑处。

　　阳明用"致知"代替了北宋传下来的"集义"和"穷理"，又用"知行合一"和"诚意"代替了北宋传下来的一个"敬"字。阳明已给了北宋以来理学传统上难决的问题一个圆满的解答，但他实不曾竖着革命的叛旗来打倒北宋以来的前辈。后来讲程朱的人，硬要痛斥阳明，而讲阳明的硬要轻视程朱，却为何来？

五、谨独

阳明讲"诚意"又讲"谨独"。

　　正之问："戒惧是己所不知时功夫，慎独是己所独知时功夫，此说如何？"先生曰："只是一个功夫，无事时固是独知，有事时亦是独知。人若不知于此独知之地用力，只在人所共知处用功，便是作伪。此独知处便是诚的萌芽。此处不论善念恶念，更无虚假。一是百是，一错百错，正是王霸、义利、诚伪、善恶界头。于此一立立定，便是端本澄源，便是立诚。古人许多诚身的功夫，精神命脉，全体只在此处。"

六、立志

阳明讲诚意、谨独，又讲"立志"。他说：

大抵吾人为学，紧要大头脑只是立志。所谓因忘之病，亦只是志欠真切。今好色之人，未尝病于因忘，只是一真切耳。诸公在此，务要立个必为圣人之心，时时刻刻，须是一棒一条痕，一掴一掌血，方能听吾说话，句句得力。若茫茫荡荡度日，譬如一块死肉，打也不知痛痒，恐终不济事。

又说：

学问不得长进，只是未立志。良知上留得些子别念挂带，便非必为圣人之志。

持志如心痛，一心在痛上，岂有工夫说闲话，管闲事？

他又说：

只念念要存天理，即是立志。

善念存时，即是天理，此念如树之根牙。立志者，长立此善念而已。

吾辈今日用功，只是要为善之心真切。此心真切，见善即迁，有过即改，方是真切功夫。

他又说：

我此论学，是无中生有的功夫，诸公须要信得及，只是立志。学者一念为善之志，如树之种，但勿助勿忘，只管培植将去，自然日夜滋长，生气日完，枝叶日茂。树初生时便抽繁枝，亦须刊落，然后根干能大。初学时亦然，故立志贵专一。

讲王学的人，只要先辨一个真切为善之志，专一在此，更无别念挂带，便是良知栽根处。从此戒慎恐惧，从谨其独知处下手。别人不知，只我自知处，是谓独知。若能从独知处下功夫，时间久了，自能见意诚境界。意诚了，自然就能认识"知行合一"的本体。识得此体，自然能领悟自己的良知。这是走上王学的真路子，阳明指点本身亲切，后人弄玄虚，索之冥漠，寻之高深，反而转入歧途了。

七、事上磨炼

北宋以来所谓"敬、义夹持""明、诚两进",讲功夫上的争端,在阳明手里算是打并归一了。至于本体方面心与物的争端,阳明又如何来解决?据一般理解,阳明自是偏向象山,归入"心即理"的一面。其实阳明虽讲心理合一,教人从心上下功夫,但他的议论,到底还是折衷心、物两派。别开生面,并不和象山走着同一的路子。他曾说:

> 目无体,以万物之色为体;耳无体,以万物之声为体;鼻无体,以万物之臭为体;口无体,以万物之味为体;心无体,以天地万物感应之是非为体。

这样说来,既不偏在心,也不偏在物,他在心、物之间特别指点出一个"感应"来,这是王学超过朱、陆之处。

> 先生游南镇。一友指岩中花树问曰:"天下无心外物。如此花树在深山中自开自落,于我心亦何关?"先生曰:"你未看此花时,此花与汝心同归于寂。你来看此花时,则此花颜色一时明白起来。便知此花不在你的心外。"

这条问答,粗看好似近代西洋哲学中的那些极端的唯心论,但我们若细玩阳明讲学宗旨,从另一方面来解释,似乎阳明语意所重,仍只在"看"与"未看"上,仍只在心与物的感应上。舍却你的一看,非但不见有花树,也何从见有你此心。所以阳明晚年讲学,特地要说一个"必有事焉",唯其有事,乃有心与物可见。看便是一事,只因此一看,便见此心和岩中花树同时分明;若无此一看,则此花与心同归于寂,何尝是说舍却视听声色事物感应独自存在了这一个心?

> 九川问:"近年因厌泛滥之学,每要静坐,求屏息念虑,非惟不能,愈觉扰扰,如何?"先生曰:"念如何可息?只是要正。"曰:"当自有无念时否?"先生曰:"实无无念时……此是天机不息处,所谓'维天之命,于穆不已'。一息便是死。非本体之念是私念。"

又问:"用功收心时,有声、色在前,如常闻、见,恐不是专一。"曰:"如何欲不闻、见?除是槁木死灰,耳聋、目盲则可。只是虽闻、见而不流去,便是。"

又问:"静坐用功,颇觉此心收敛;遇事又断了,旋起个念头去事上省察;事过又寻旧功,还觉有内外,打不作一片。"先生曰:"此'格物'之说未透。心何尝有内外?……人须在事上磨炼做功夫乃有益。"

阳明只说心无无念时,天机不息,一息便是死;除非槁木死灰,耳聋目盲,如何能不闻不见;只待闻与见,此心与外物便同时分明。故说"心无内外",只需在"事上磨炼"做功夫:这是王学折中朱、陆,打通心物内外两端的精神所在,这里才见得是阳明精一之训。阳明平素教人,只指出天理、人欲的分别,不主张有内心、外物的分别,这是王学的高明处。阳明用良知的感应来融通心物,说明天地万物之与我一体。

问:"人心与物同体,如吾身原是血气流通的,所以谓之同体:若于人便异体了,禽、兽、草、木益远矣。而何谓之同体?"

先生曰:"你只在感应之几上看,岂但禽、兽、草、木,虽天、地也与我同体的,鬼、神也与我同体的。"

请问。

先生曰:"你看这个天、地中间,甚么是天、地的心?"

对曰:"尝闻人是天地的心。"

曰:"人又什么叫作心?"

对曰:"只是一个灵明。"

"可知充天塞地中间,只有这个灵明。人只为形体自问隔了。我的灵明,便是天、地、鬼、神的主宰。天没有我的灵明,谁去仰他高?地没有我的灵明,谁去俯他深?鬼、神没有我的灵明,谁去辨他吉、凶、灾、祥?天、地、鬼、神、万物,离却我的灵明,便没有天、地、鬼、神、万物了；我的灵明，离却天、地、鬼、神、万物，亦没有我的灵明。如此，便是一气流通的，如何与他间隔得？"

此处阳明把天地万物说成只是一个"灵明"，岂不很像近代西洋哲学中的所谓极端的唯心论吗？其实阳明毕生讲学宗旨，别有其精神所在。他所说的灵明，仍只是感与应，仍只是必有事焉，仍只是一向所讲的知行合一。我们须注意他所说"离却天地万物，亦没有我们的灵明"那一句转语，自可见王学的独特精神处。

现在再看阳明所谓的在"事上磨炼"，究竟是指的什么。《传习录》又有陆澄问一条。

澄尝问象山在人情事变上做功夫之说。

先生曰："除了人情事变，则无事矣。喜、怒、哀、乐，非人情乎？自视、听、言、动以至富贵、贫、贱、患难、死生，皆事变也。事变亦只在人情里……"

据此可见阳明所谓的"事上磨炼"，也只是磨炼自己一心的喜怒哀乐。换一句话说，便是磨炼自己良知的感应，便是磨炼此知行合一之本体。关于陆澄又有记载：

澄在鸿胪寺仓居，忽家信至，言儿病危。澄心甚忧闷，不能堪。

先生曰："此时正宜用功，若此时放过，闲时讲学何用！人正要在此等时磨炼。"

这段把事上磨炼指点得更亲切。我们若捉住此等教训，何至再有所谓"现成的良知"。讲王学的人，只不要忘了龙场驿的忧危和征濠后的谗讥交作，便自明得先生这里所谓"正要在此等时磨炼"的意义和来历。先生又说：

父之爱子，自是至情，然天理亦自有个中和处，过即是私意。人于此处多认做天理当忧，则一向忧苦，不知已是'有所忧患，不得其正'。大抵七情所感，多只是过，少不及者。才过，便非心之本体，必须调停适中始得。就如父母之丧，人子岂不欲一哭便死，方快我心；然却曰'毁不灭性'，非圣人强制之也，天理本体自有分限，不可过也。人但要识得心体，自然增减分毫不得。

原来，阳明所谓"事上磨炼"，还在一个"存天理，去人欲"，叫自己的喜怒哀乐恰到好处，不要过分。这便是所谓"中和"的地位，便是阳明所谓的"心体"。试问阳明此等处，岂不显然是宋儒讲学的大传统？但是"心体"如何识得，如何呈露呢？陆澄又有下面一段的问答。

澄曰："好色、好利、好名等心，固是私欲，如闲思杂虑，如何亦谓之私欲？"

先生曰："毕竟从好色、好利、好名等根上起，自寻其根便见。如汝心中决知是无有做劫盗的思虑，何也？以汝元无是心也。汝若于货、色、名、利等心，一切皆如不做劫盗之心一般，都消灭了，光光只是心之本体，看有甚闲思虑？此便是寂然不动，便是'未发之中'便是廓然大公；自然感而遂通，自然发而中节，自然物来顺应。"

如是则要心体呈露，还是免不掉一番洗伐克治的功夫，所以阳明说：

省察是有事时存养，存养是无事时省察。

不论有事无事，只是个"必有事焉"，只是个"存天理，去人欲"，只是要自己的喜怒哀乐，有一个未发之中和发而中节之和。这是阳明所谓的"事上磨炼"。我们若能明白他所谓的"事上磨炼"，也便能明白他所谓的立志、谨独、诚意，和致良知；同时也能明白他所谓的良知和知行原自合一的本体。我们若能明白这些，再回头看北宋以来相传的所谓"变化气质"，试问和王学到底有几许不同？如是说来，阳明又何尝打起革命的叛旗，来求推翻他前辈一般的见解和觊图呢？他晚年特别提出"事上磨炼"这句口号，只为要在朱子格物和象山立心的两边，为他们开一通渠。

以上七点，总算把王学大纲，约略写出了一个大概。阳明那主张一元论的倾向和那折中融会的精神，及其确切明显的宗旨，都可以窥见王学的一斑。尤其是在他重"行"这一点上，不仅能显示出他的为学精神，其学说的全部组织，也集中在这一面。所以阳明说：

尽天下之学，无有不行而可以言学者。

我们此刻也可套他的话说：无有不行而可以知阳明之所谓良知，与其一切所说者。

所以朱子言格物穷理，未免偏重"知"，而阳明格物穷理，则根本脱离不了一个"行"字。天理在实践中，良知亦在实践中，天地万物与我一体亦在实践中。不实践，空言说，则到底无是处。

【附录二】王阳明年谱

年份	王阳明人生年谱	王阳明成圣（三不朽）年谱	王阳明心学年谱
1472	○生于浙江绍兴府余姚县（今浙江省宁波市余姚市）		
1473			
1474			
1475			
1476	○王阳明五岁仍不能言，祖父遇高僧点化为其改名		
1477			
1478		▶对圣人之学耳濡目染时期	
1479			
1480			
1481			
1482	○祖父携王阳明至京师，王阳明随王华寓京		
1483	○开始就读私塾。读书期间，王阳明曾问私塾先生"何为第一等事？"		
1484			
1485		▶学习和实践、对理想丰满时期	
1486	○出游居庸关、山海关，纵览山川		
1487			
1488	○王阳明与诸氏完婚于江西洪都（今南昌）		
1489	○偕夫人回余姚，拜访娄谅，并于庭前"格竹"		○对"成圣"远景真正的启蒙

续表

年份	王阳明人生年谱	王阳明成圣（三不朽）年谱	王阳明心学年谱
1490			
1491	○王阳明在浙江乡试中举		
1492			
1493	○会试不第，归余姚，结龙泉诗社，对弈联诗		
1494			
1495			
1496	○寓京师	▶反复探索时期	
1497		▶苦学诸家兵法，想"借雄成圣"	
1498		▶中进士，泛滥辞章，出入佛老	
1499	○举进士出身，与前七子唱和，泛滥辞章之时		
1500	○授云南清吏司主事		
1501	○奉命录囚江北，游九华山，出入佛寺、道观		
1502	○告病归绍兴，筑室阳明洞，静坐阳明导引之术		
1503			
1504	○主考山东乡试，九月改任兵部武选清吏司主事	▶人生低谷磨难时期	
1505	○开门授徒，与湛若水交		
1506	○冬，抗疏救忠良，得罪阉党，谪贵州龙场		
1507	○赴谪至钱塘，过武夷山，回越城		
1508	○至龙场，始悟格物致知之旨		○始揭"格物致知"之旨
1509	○在贵阳，受聘请主讲文明书院		○始揭"知行合一"之旨

续表

年份	王阳明人生年谱	王阳明成圣（三不朽）年谱	王阳明心学年谱
1510	○三月升庐陵知县，十二月升南京刑部四川清吏司主事	仕途开始顺遂	
1511	○调吏部验封司清吏司主事，会试同考官，后又升文选清吏司员外郎		○据《大学》古本立格物、诚意之旨
1512	○三月升考功清吏司郎中，黄绾、徐爱等弟子受业		
1513	○赴任便道归省，至滁州，督马政，日与门人游		
1514	○升南京鸿胪寺卿，教人存天理，去人欲		
1515			
1516	○升都察院左佥都御史，巡抚南赣	○平定南王谢志山、金龙霸王池仲容等暴动	
1517	○正月至赣，二月平漳南象湖山，十月平南赣横水、桶冈	建立事功时期	
1518	○六月升南都察院右副督御史，荫子锦衣卫，世袭百户		○七月刻古本《大学》《朱子晚年定论》
1519	○平定宁王朱宸濠叛乱，兼巡抚江西		
1520	○至赣州，王艮投其门		○自言在应付官司难时全靠良知指引
1521	○辛巳，五月集门人于白鹿洞	○六月升南京兵部尚书，九月归余姚，封新建伯	○开始长达六年讲学，揭"致良知"之教
1522	○居越城，父王华卒，丁忧		
1523	○在绍兴，来从游者日众	思想提炼升华总结时期	
1524	○居越城，门人南大吉续刻《传习录》		○立阳明书院
1525	○夫人诸氏卒		
1526	○居越城，冬子正聪生		
1527	○兼都察院左都御史征广西思恩、田州，九月启行		○提出"四句教"法
1528	○二月平思、田，七月袭八寨、断藤峡，十月乞骸骨		
1529	○病逝于江西南安府（今江西省大余县）		

参考资料

[1] 孟子.孟子［M］.段雪莲，陈玉潇，译.北京：北京联合出版公司，2015.

[2] 吕峥.明朝一哥王阳明［M］.北京：民主与建设出版社，2015.

[3] 蒋介石自述［M］.师永刚，张凡，编著.北京：华文出版社，2013.

[4] 左丘明.左传［M］.郭丹，译.北京：中华书局，2016.

[5] 王阳明.王阳明全集［M］.吴光，等编校.杭州：浙江古籍出版社，2010.

[6] 燕北闲人.梁启超妙语录［M］.北京：新星出版社，2011.

[7] 冯友兰.南渡集［M］.北京：生活·读书·新知三联书店，2007.

[8] 德鲁克.管理：使命、责任、实务［M］.王永贵，译.北京：机械工业出版社，2013.

[9] 王建华.利润的雪球［M］.北京：企业管理出版社，2013.

[10] 钱穆.阳明学述要［M］.北京：九州出版社，2010.

[11] 冈田武彦.王阳明大传［M］.杨田，译.重庆：重庆出版社，2014.

[12] 王明夫.气质［M］.北京：中信出版社，2013.

[13] 孙武.孙子兵法［M］.北京：中国画报出版社，2012.

[14] 拉里·博西迪，拉姆·查兰，查尔斯·伯克.执行［M］.刘祥亚，等译.北京：机械工业出版社，2016.

[15] 杜纳·科耐普.品牌智慧［M］.赵中秋，罗臣，译.北京：企业管理出版社，2006.

[16] 吉方升.苟希纳定律［J］.中外企业文化：保险文化，2007，（8）.

[17] 山姆·沃尔顿.富甲美国［M］.杨蓓，译.南京：江苏文艺出版社，2015.

[18] 班固.汉书［M］.北京：中华书局，2016.

[19] 唐纳德·克利夫顿，葆拉·纳尔逊.放飞你的优势［M］.方晓光，译.北京：中国社会科学出版社，2012.

[20] 朱思维.王阳明巡抚南赣和江西事辑［M］.南昌：江西人民出版社，2010.

[21] 孙皓晖.大秦帝国［M］.上海：上海人民出版社，2012.

[22] 詹志方.营销思维脑扫描［M］.北京：北京大学出版社，2012.

[23] 罗贯中.三国演义［M］.北京：人民文学出版社，2010.

[24] 董平.传奇王阳明［M］.北京：商务印书馆，2010.

[25] 董平.王阳明的生活世界[M].北京：中国人民大学出版社，2009，10.

[26] 高濑武次郎.王阳明详传[M].赵海涛，王玉华，译.北京：北京时代华文书局，2013.

[27] 王阳明.传习录[M].南京：江苏文艺出版社，2015.

[28] 周月亮.心学大师王阳明[M].武汉：长江文艺出版社，2012.

[29] 度阴山.知行合一王阳明[M].北京：北京时代华文书局，2015.

[30] 雾满拦江.神奇圣人王阳明[M].长沙：湖南文艺出版社，2012.

[31] 李明镜.稻盛和夫：管理要学王阳明[M].西安：陕西人民出版社，2014.

[32] 稻盛和夫.活法[M].曹岫云，译.北京：东方出版社，2012.

[33] 袁飞.王者心法[M].北京：清华大学出版社，2013.

[34] 斯坦利·米尔格拉姆.对权威的服从[M].赵萍萍，王利群，译.北京：新华出版社，2015.

[35] 黄铁鹰.海底捞你学不会[M].北京：中信出版社，2015.

[36] 张昭炜.皇明大儒王阳明[M].北京：九州出版社，2014.

[37] 王建华.品牌密码[M].北京：企业管理出版社，2015.

[38] 黄继伟.华为工作法[M].北京：中国华侨出版社，2016，05.

其他参考杂志及网站：

[1] 《企业管理》杂志

[2] 《创业邦》杂志

[3] 人民网

[4] Zippo官网

[5] 海尔官网

[6] 营销传播网

[7] 第一商业网

[8] 中国人力资源网

[9] 《企业管理》杂志公众号